Forum Politische Bildung (Hrsg.)

Informationen zur Politischen Bildung

Nr. 45 • 2019
Umwelt – Klima – Politik

FORUM POLITISCHE BILDUNG
Mag. Barbara-Anita Blümel MAS Parlamentsdirektion
Prof. Mag. Wolfgang Buchberger Bundeszentrum für Gesellschaftliches Lernen, Pädagogische Hochschule Salzburg
Em. Univ.-Prof. Dr. Herbert Dachs Abteilung Politikwissenschaft, Universität Salzburg
Mag. Gertraud Diendorfer Demokratiezentrum Wien
Mag. Irene Ecker M.Ed. Msc. Institut für Politikwissenschaft, Universität Innsbruck
Univ.-Prof. Dr. Heinz Fassmann Institut für Geografie und Regionalforschung, Universität Wien
Em. Univ.-Prof. Dr. Hans-Georg Heinrich Institut für Politikwissenschaft, Universität Wien
Univ.-Prof. Dr. Thomas Hellmuth Institut für Geschichte/Zentrum für LehrerInnenbildung, Universität Wien
Ao. Prof. i.R. Dr. Otmar Höll Universität Wien
Univ.-Prof. Dr. Christoph Kühberger Fachbereich Geschichte, Universität Salzburg
Univ.-Prof. Dr. Dirk Lange Zentrum für LehrerInnenbildung, Universität Wien
Em. Univ.-Prof. Dr. Anton Pelinka Central European University Budapest
Mag. Herbert Pichler Schulzentrum Ungargasse, FDZ Geographie und Wirtschaftskunde, Universität Wien
Univ.-Prof. Dr. Sonja Puntscher-Riekmann Abteilung Politikwissenschaft, Universität Salzburg
Dir. Katharina Reindl GTKMS Anton Sattler Gasse
Univ.-Prof. Dr. Wolfgang Sander Abteilung Didaktik der Sozialwissenschaften, Universität Gießen
Em. Univ.-Prof. Dr. Dieter Segert Institut für Politikwissenschaft, Universität Wien
Dr. Gabriele Schmid Abteilung Bildungspolitik, AK Wien
Mag. Stefan Schmid-Heher Mag. BEd Zentrum für Politische Bildung, Pädagogische Hochschule Wien
Mag. Dr. Gerhard Tanzer Bundesministerium für Bildung, Wissenschaft und Forschung
Univ.-Prof. Dr. Brigitte Unger Utrecht University School of Economics
Mag. Simon Usaty Demokratiezentrum Wien
Em. Univ.-Prof. DDr. Manfried Welan Universität für Bodenkultur Wien
Mag. Dr. Elfriede Windischbauer Rektorin der Pädagogischen Hochschule Salzburg

REDAKTION
Mag. Gertraud Diendorfer (Gesamtredaktion)
Mag. Simon Usaty (Redaktionelle Mitarbeit)

Inhalt

3 Einleitung

Informationsteil

5 Mathias Krams/Ulrich Brand:
Die Klimakrise: Ursachen, Handlungsansätze und Kritik

15 Judith Breitfuß:
Die Klimakrise als Thema und Anlass für die Politische Bildung

Für den Unterricht

24 Lara Möller/Alexander Wohnig:
Fridays for Future. Ein Fallbeispiel für politische Partizipation

35 Robert Hummer/Simon Mörwald:
Umwelt im Abseits? Fußballstadion vs. Naturschutz

46 Beatrix Oberndorfer:
Climate Emergency – Die Klimanotstandsdebatte in politischer Wirklichkeit und Simulation

53 Elmar Mattle:
Hinter uns die Sintflut! Klimaleugnung als Thema des Politikunterrichts

Grafiken, Tabellen, Materialien

4 Wie der Mensch das Klima verändert
5 Kumulierter CO_2-Ausstoß seit 1850
8 Das Pariser Klimaabkommen von 2015
9 CO_2-Emissionen des Verkehrssektors 1990–2017
10 Prognostizierter Fortschritt der EU-Mitgliedsstaaten bei Erreichung der Klimaziele 2030
18 Umwelt- und Klimaschutz: Auszüge aus den Lehrplänen
20 Basiskonzepte zum menschlichen Zusammenleben
30 Die Jugendprotestbewegung Fridays for Future
32 Politische Partizipationsformen von Jugendlichen
33 Infobox Bildanalyse
43 Infobox Standortgebundenheit von politischen Urteilen
50 Infobox Zentrale Begriffe der Klimapolitik
59 Infobox Kommunikationsstrategien der KlimaleugnerInnen
63 Tipps für eine zielführende Diskussion

64 **AutorInnenverzeichnis**

Einleitung

Die Klimaveränderung und Maßnahmen dagegen sind zurzeit das vorherrschende Thema. Während die einen das Problem abschwächen wollen oder die Klimakrise gar leugnen, fordern andere – vor allem die jungen Menschen – ein drastisches Umdenken in unserer Gesellschaft und in unserem Handeln.

Aus den verschiedensten gesellschaftlichen Bereichen gibt es Aufforderungen an die Politik, klimaschützende Maßnahmen zu ergreifen. Dieses Engagement von WissenschaftlerInnen und NGOs wie auch die Protestbewegungen junger Menschen zeigen, wie wichtig es ist, das Thema Umwelt und Klimaschutz im Unterricht und in der Politischen Bildung zu behandeln.

Der fachwissenschaftliche Einleitungsartikel von Ulrich Brand und Mathias Krams gibt einen Überblick über den aktuellen Forschungsstand zur Klimakrise und stellt fest, dass rasches politisches Handeln unumgänglich ist. Daran anknüpfend werden Handlungsmöglichkeiten für eine sozial-ökologische Transformation aufgezeigt. Der fachdidaktische Artikel von Judith Breitfuß macht Vorschläge, welche Beiträge der Unterricht, insbesondere in der Politischen Bildung, zur Bewältigung der Klimakrise leisten kann. Er schildert ganz konkret, wie die relevanten politischen Kompetenzen in diesem Themenfeld angeleitet werden können.

Die Unterrichtsbeispiele gehen ins Detail und widmen sich etwa dem ökologischen Jugendprotest am Beispiel von Fridays for Future, dem bürgerschaftlichen Engagement anhand der Kontroverse Fußballstadion vs. Naturschutz, der Debatte um den Klimanotstand oder dem kompetenten Umgang mit Fake News und Klimawandelleugnung.

Neuerungen

Mit diesem Themenheft gibt es auch einige, insbesondere grafische, Neuerungen. Mehr Bilder, mehr Grafiken, durchgängig vierfärbig, sollen die gewohnte inhaltliche Qualität noch ansprechender vermitteln.

Weiters wird eine methodische Bandbreite im Praxisteil angestrebt, von Begriffsarbeit, Bildanalysen und Infoboxen bis hin zu Rollenspielen, um damit die Lehrkräfte bestmöglich zu unterstützen. Da etwa Simulationsspiele mit ausführlichen Rollenkärtchen viel Platz brauchen, wird zusätzliches Material im Internet bereitgestellt.

Die Themenhefte richten sich an die Sekundarstufen I & II und bieten auch optionale Vereinfachungen/Vertiefungen für den individualisierten Unterricht.

Gertraud Diendorfer,
November 2019

Wie der Mensch das Klima verändert

Anthropogener Treibhauseffekt

Ein Teil der Sonnenenergie strahlt zurück ins All ...

... der Rest trifft auf die Erdoberfläche

Die erwärmte Erdoberfläche gibt Wärmestrahlung ab ...

... ein seit 1880 stetig ansteigender Teil wird jedoch von menschengemachten Klimagasen absorbiert und erwärmt die Erde weiter

... heute haben wir mit ca. 410 ppm* CO_2 ein Ungleichgewicht in der Atmosphäre, früher waren es ca. 280 ppm.
*parts per million

CH_4, CO_2, N_2O, O_3

Vom Menschen gemachter Treibhauseffekt durch:

Verbrennung fossiler Brennstoffe wie Kohle, Öl und Gas für den weltweit steigenden Strombedarf

Herstellung von Waren, Transportmitteln, Textilien und Möbeln in energieintensiven Prozessen

Waldbrände, Waldnutzung und Forstmanagement

Wohnungs- und Hausbau, Heizen und Energiebedarf im privaten Sektor

Personen- und Gütertransport, auf Straßen, Flüssen, Meeren und in der Luft

Landwirtschaft, Futtermittelherstellung und Massentierhaltung sowie Fleischverarbeitung

Quelle: Gonstalla, Esther: Das Klimabuch. Alles, was man wissen muss, in 50 Grafiken. München 2019, S. 8f.

Mathias Krams/Ulrich Brand

Die Klimakrise: Ursachen, Handlungsansätze und Kritik

Die Klimakrise und ihre Auswirkungen sind mittlerweile global erfahrbar. In den vergangenen Jahrzehnten waren es vor allem Menschen im Globalen Süden, den ärmeren Entwicklungsländern, die unter Dürren, Überschwemmungen und Unwettern als Folge des Austoßes von Treibhausgasen (THG) zu leiden hatten (siehe carbonmap.org). Unmittelbar verursacht werden diese Emissionen hingegen durch die Produktions- und Lebensweise der zuerst industrialisierten Länder im Globalen Norden.

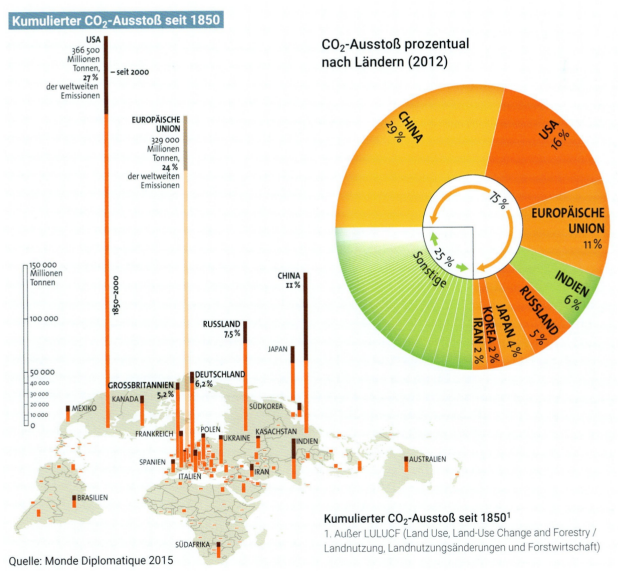

Quelle: Monde Diplomatique 2015

Kumulierter CO_2-Ausstoß seit 1850[1]
1. Außer LULUCF (Land Use, Land-Use Change and Forestry / Landnutzung, Landnutzungsänderungen und Forstwirtschaft)

Die Grafik zeigt, wie unterschiedlich sich der CO_2-Ausstoß auf einzelne Länder verteilt; besonders Regionen der Ersten Welt wie Nordamerika und Europa sind für große Mengen von Treibhausgasen verantwortlich.

Mathias KRAMS/Ulrich BRAND

Zunehmend sind die Auswirkungen der Klimakrise jedoch auch in Europa und hier in Österreich nicht mehr zu übersehen. Extremwetterereignisse häufen sich; Hagel, Dürren und Überschwemmungen zerstören immer mehr Ernten der LandwirtInnen. Die zunehmende Anzahl an Hitzetagen im Sommer macht auch den Menschen zu schaffen. Mittlerweile gibt es in Österreich jährlich mehr Hitzetote als Verkehrstote. 2018 lag die Zahl der hitzebedingten Sterbefälle etwa bei 766.[1] Auch der Wintertourismus wird in bisheriger Form nicht mehr weiterzuführen sein und in vielen Lagen ganz zum Erliegen kommen.[2] Schätzungsweise jeder vierzehnte Arbeitsplatz hängt in Österreich am Wintersport und damit auch am Wintertourismus.[3] In einem Forschungsprojekt mit dem Namen COIN wurden die Kosten, die in Österreich durch den Klimawandel entstehen, insgesamt auf bis zu 8,8 Milliarden Euro jährlich bis zur Mitte des Jahrhunderts beziffert.[4] Dies alles ist derzeit bereits bei einem Temperaturanstieg von gerade einmal zwei Grad für Österreich im Vergleich zum vorindustriellen Zeitalter spürbar. Werden keine drastischen Maßnahmen eingeleitet, gehen die ForscherInnen des IPCC (Intergovernmental Panel on Climate Change) von einem globalen Temperaturanstieg bis 2050 von vier bis sechs Grad aus. Für Wien wird für die heißen Sommermonate gar ein Anstieg von 7,6 Grad vorhergesagt.[5]

Krisen sind Wendepunkte, an denen sich die Zukunft der etablierten Ordnung entscheidet. Von einer Klimakrise wird aktuell gesprochen, da sie
- erstens durch die übermäßige Nutzung fossiler Energieträger, Viehhaltung bzw. Fleischkonsum und die Rodung von Wäldern eine existentielle Bedrohung für die natürlichen Lebensgrundlagen darstellt und ein massives Artensterben angestoßen hat (ökologische Dimension),
- zweitens zu starken wirtschaftlichen Verwerfungen führen wird (ökonomische Dimension),
- drittens das gesellschaftliche Zusammenleben gefährdet und Menschen ihrer Lebensgrundlage beraubt (soziale Dimension) und
- viertens die bisherige Form der Problembearbeitung an ihre Grenzen stößt (politische Dimension).[6]

Häufig findet sich in den medialen Diskursen zur Klimakrise eine Darstellung, die suggeriert, dass es „die Menschheit" (humanity) an sich und in ihrer Gesamtheit ist, die „den Planeten" übernutzt und damit zerstört. Kritisiert wird an einer solchen Darstellung, dass sie verschleiert, wie unterschiedlich Menschen und Gesellschaften global die Klimakrise verursachen und von ihr betroffen sind. Ursächlich für diese Ungleichheit sind nationale und globale Herrschaftsverhältnisse entlang der Kategorien von race, gender, Klasse, StaatsbürgerInnenschaft und Lebensort. Die Auswirkungen der Klimakrise wie auch der wirtschaftlichen Entwicklung betreffen also Menschen in verschiedenen Ländern und Regionen, aber auch entlang ihrer verschiedenen sozioökonomischen Lagen, unterschiedlich.

Das zeigt sich auch in Österreich. Wer mehr Geld hat, verbraucht im Schnitt mehr Energie und Ressourcen. Zugleich fühlen sich laut Umfragen Menschen mit niedrigerem Einkommen etwa wegen ihres Arbeitsorts oder der Wohnlage deutlich stärker von Hitze betroffen als Menschen mit hohem Einkommen.[7] Global tritt dieser Zusammenhang noch deutlich stärker zu Tage. Besitzen Menschen nicht die finanziellen Mittel, um etwa nach Verlust ihrer landwirtschaftlichen Lebensgrundlage zu migrieren, oder die Erwerbsmöglichkeiten und nötigen Qualifikationen, um in Städten neue Einkünfte zu finden, sind sie den Folgen der Klimakrise hoffnungslos ausgeliefert. Der Begriff der Klimagerechtigkeit weißt deshalb darauf hin, dass die Klimakrise nur überwunden werden kann, wenn neben technischen Lösungen zur CO_2-Reduktion auch die genannten Ungleichheiten bearbeitet werden.

Anstatt „die Menschheit" an sich für die Klimakrise verantwortlich zu machen, nennen viele WissenschaftlerInnen und politische AkteurInnen den kapitalistischen Wachstumszwang des Industriekapitalismus als eine Hauptursache der Krise: Um sich gesellschaftlich zu stabilisieren, bedarf die kapitalistische Produktionsweise der wirtschaftlichen Expansion – das heißt auch einer stetigen Zunahme des Ressourcenverbrauchs, insbesondere der fossilen Energieträger, die wiederum für die stetige Zunahme globaler CO_2-Emissionen verantwortlich sind. Diese seit 150 Jahren auszumachende Tendenz steigerte sich im Zuge der kapitalistischen Globalisierung der letzten 40 Jahre weiter. Und sie verschärfte zunehmend auch soziale Ungleichheiten – sowohl innerhalb der Gesellschaften als auch weltweit.[8]

Kapitalistische Expansion verstärkt die Krise

Verantwortlich für die Klimakrise sind somit insbesondere die tief verankerten Strukturen der „imperialen Lebensweise"[9] sowie mächtige AkteurInnen wie privatkapitalistische Unternehmen und einflussreiche Regierungen[10], die dazu in der Lage sind, diese Strukturen zu ihren Gunsten auszunutzen. Dazu zählen etwa Erdölunternehmen, die von den bestehenden fossilistischen Wirtschaftsstrukturen profitieren und sie verteidigen, Bergbauunternehmen, die die Metalle der alten und der „grünen" Ökonomie fördern, und die großen Agrarkonzerne, die am Modell einer industriellen Landwirtschaft festhalten, es vertiefen und unter oft schlechten sozialen und ökologischen Bedingungen produzierte Lebensmittel über Supermärkte vertreiben.[11]

Staatliche und internationale Klimapolitik: Ziele und Mechanismen

Bisher gelingt es bestehenden politischen Institutionen nicht,[12] die Gesellschaft in Richtung einer nachhaltigen Zukunft zu lenken, die ein gutes Leben für alle ermöglicht und die natürlichen Lebensgrundlagen erhält.[13] Sind die staatlichen und internationalen politischen Institutionen überhaupt dazu in der Lage, die notwendige sozial-ökologische Transformation zu initiieren? Ihr derzeitiger Fokus scheint vielmehr auf einer Absicherung eines kapitalistischen Wettbewerbs- und Wachstumsimperativs zu liegen, der einer solchen Transformation entgegensteht.

Doch was wurde bisher überhaupt gegen die Klimakrise unternommen? 1992 wurde auf der Konferenz der Vereinten Nationen für Umwelt und Entwicklung (UNCED) in Rio de Janeiro (Brasilien) die mehrere Jahre lang verhandelte Klimarahmenkonvention (FCCC) unterzeichnet. Wegweisend in diesem Prozess war die Verabschiedung des **Kyoto-Protokolls** 1997, in dem erstmals völkerrechtlich verbindliche CO_2-Reduktionsziele für die Industriestaaten festgelegt wurden. In Kraft trat das Abkommen aber erst im Jahr 2005; es sah vor, die CO_2-Emissionen der Industrienationen bis in das Jahr 2012 um 5% im Vergleich zu 1990 zu reduzieren. Zwar erreichte die EU ihr selbstgestecktes Ziel einer Reduktion von 8% – was als viel zu gering kritisiert wurde –, global stiegen die CO_2-Emissionen jedoch weiter deutlich an, was nicht zuletzt mit den starken Wirtschaftsdynamiken einiger „Schwellenländer" (die sich im Übergang von Entwicklungs- zur Industrienation befinden) zu tun hat.

Das Kyoto-Protokoll schreibt die sogenannten flexiblen Mechanismen zur Erreichung der Reduktionsziele fest, die auf Freiwilligkeit basieren: Diese stark an einer Marktlogik orientierten Mechanismen – die Politik verzichtet auf stärkere Vorgaben – umfassen insbesondere den Handel mit Emissionsrechten, wodurch Staaten sich Emissionsrechte bei anderen Staaten einkaufen können, wenn sie ihr eigenes Kontingent bereits ausgeschöpft haben. Dieses Instrument hat sich bisher als wenig effektiv erwiesen, weil der Preis für das Recht, eine Tonne CO_2 auszustoßen, schlicht zu niedrig ist. Zweitens wird im Rahmen der „gemeinsamen Umsetzung" angeregt, dass ein Industrieland in einem anderen Land in Klimaschutz investiert und die damit verbundene Reduktion dann gutgeschrieben bekommt. Ein Beispiel dafür sind etwa Aufforstungsprojekte. Im konkreten Fall mag das sinnvoll sein, doch die Investitionen gehorchen zum einen einer Logik,

Kyoto-Protokoll: „flexible Mechanismen"

derzufolge sich in den Ländern, die solche Projekte finanzieren, nichts ändern muss. Zum anderen kommt es immer wieder zu Menschenrechtsverletzungen, zur Vertreibung von KleinbäuerInnen und Naturzerstörung *(Green Grabbing)*.

Nachdem sich die Staaten 2012 nicht auf ein Folgeabkommen einigen konnten, wurde das Kyoto-Protokoll zunächst bis 2020 verlängert, trat wegen mangelnder Ratifikationen jedoch nie offiziell in Kraft. Für die Periode über 2020 hinaus wurde im Jahr 2015 das **Pariser Klimaabkommen** beschlossen und gleich im Folgejahr ratifiziert (von 55 Ländern, die für 55 Prozent der Emissionen verantwortlich sind). Es sieht vor, den globalen Temperaturanstieg auf deutlich unter zwei Grad – wenn möglich auf 1,5 Grad – im Vergleich zur Zeit vor Beginn der Industrialisierung zu begrenzen. Im Vergleich zum Kyoto-Protokoll ist das Abkommen völkerrechtlich verbindlich, aber nicht mit Sanktionsmechanismen ausgestattet. Der 2010 eingerichtete „grüne Klimafonds", der Entwicklungs- und Schwellenländer bei klimapolitischen Maßnahmen hilft, soll laut Pariser Abkommen ab 2020 mit jährlich 100 Milliarden Dollar – zunächst bis 2025 – aus öffentlichen und privaten Mitteln finanziert werden.

Die Notwendigkeit, den globalen Temperaturanstieg auf 1,5 Grad zu begrenzen, unterstreicht der im Herbst 2018 veröffentlichte Sonderbericht des Weltklimarates IPCC. Er prognostiziert bei dem derzeitigen Stand der Klimaschutzmaßnahmen einen globalen Temperaturanstieg auf über drei Grad bis zum Ende des Jahrhunderts und weist auf die dramatischen Folgen hin, die bereits bei einem Anstieg von zwei Grad auftreten würden. Zugleich unterstreicht er die Machbarkeit der notwendigen Emissions-Reduktion, um das 1,5-Grad-Ziel einzuhalten.

Die EU tritt als eigenständige Vertragspartei des Kyoto-Abkommens auf und hat sich in diesem Rahmen zu Reduktionszielen verpflichtet. Zu deren Erreichung wurde zusätzlich zum Emissionshandel zwischen Staaten auf globaler Ebene ein Emissionshandelssystem zwischen Unternehmen innerhalb der EU eingeführt. 2018 nahm sich die EU vor, bis 2030 mit diesen Maßnahmen die Treibhausgas-Emissionen im Vergleich zu 1990 um mindestens 40% zu reduzieren, den Anteil der erneuerbaren Energien auf 30% zu steigern und die Energieeffizienz um weitere 32,5% zu erhöhen.[14] Wie die Grafik auf Seite 10 zeigt, sind die meisten EU-Staaten mit den bisher eingeleiteten Maßnahmen weit von der Erreichung der zugesprochenen Ziele entfernt.

Österreich zählt sowohl in Europa als auch global zu den Schlusslichtern in Sachen Klimaschutz und erreichte bisher keines der gesetzten Ziele. Die Reduktionsziele des Kyoto-Protokolls bis 2012 verfehlte Österreich mit über 16%. Auch die Reduktionsziele für 2020 werden wohl bei weitem verfehlt. Bisher ist es Österreich nicht einmal gelungen, die CO_2-Emissionen seit 1990 überhaupt zu reduzieren. Auch im Jahr 2019 liegen die nationalen Emissionen immer noch über jenen von vor 20 Jahren.

DAS PARISER KLIMAABKOMMEN VON 2015

Das Abkommen hält fest, dass Gesellschaften fähig zur Anpassung *(adaptation)* an und Widerstandsfähigkeit *(resilience)* gegen die negativen Auswirkungen des Klimawandels sind. Die Erwärmung des Klimas soll gegenüber dem vorindustriellen Niveau bis zum Jahr 2100 unter zwei Grad, wenn möglich unter 1,5 Grad, bleiben.

Finanzmittelflüsse sollen umgelenkt werden – weg von kohlenstoffintensiven auf emissionsarme Investitionen. Vor der Konferenz in Paris haben die Regierungen von 187 Staaten „nationale Klimapläne" eingereicht – diese reichen aber in Summe längst nicht zur Einhaltung des 1,5 bzw. Zwei-Grad-Ziels aus. Daher werden die Reduktionszusagen und -maßnahmen ab 2018 alle fünf Jahre „angehoben".

Klimaschutz soll ab 2020 mit jährlich 100 Milliarden US-Dollar aus öffentlichen und privaten Mitteln finanziert werden.

Hauptverursacher der Emissionen ist hierzulande der Verkehrssektor. Im Vergleich zu 1990 stiegen hier die Emissionen bislang um ganze 72% und machten damit alle Reduktionen in anderen Sektoren wieder zunichte.

Ein Bericht der Europäischen Umweltagentur zeigte 2019 auf, dass Österreich hinsichtlich der Umsetzung der gesetzten Klimaschutzmaßnahmen EU-weites Schlusslicht ist.

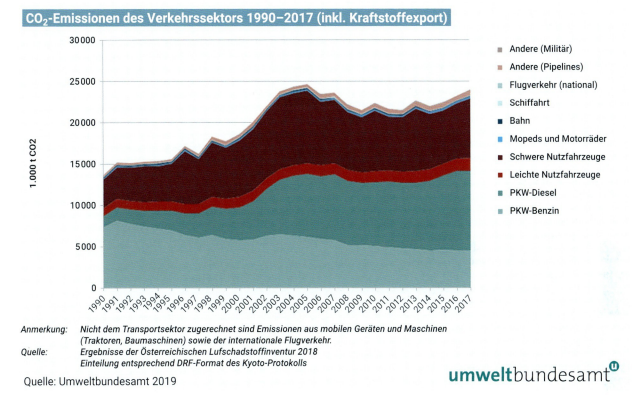

Quelle: Umweltbundesamt 2019

Die österreichischen Treibhausgasemissionen im Verkehrssektor stiegen auch in den letzten Jahrzehnten weiterhin an.

Widerstreitende Interessen, verfehlte Klimaziele und Protest

Richtlinien dafür, was getan werden müsste, um das 1,5-Grad-Ziel zu erreichen und damit eine sich extrem verschärfende Klimakatastrophe zu verhindern, gibt es genug. Der zuvor genannte IPCC-Sonderbericht von 2018 benennt, was auf globaler Ebene nötig wäre: Nach 2020 müssen die globalen CO_2-Emissionen zurückgehen, bis spätestens 2050 müssen sie global auf netto Null fallen, um zumindest mit einer Wahrscheinlichkeit von 50% das 1,5-Grad-Ziel noch zu erreichen. Netto-Null-Emissionen sind dann erreicht, wenn „unter dem Strich" keine Treibhausgase ausgestoßen werden, wenn also z.B. Emissionen weiterbestehender Fabriken durch „Negativ-Emissionen", etwa durch das Pflanzen von Wäldern, ausgeglichen werden. In allen Sektoren, sei es Energie, Landwirtschaft, Verkehr oder Bauwirtschaft, bedarf es tiefgreifender Umgestaltungen, um die Reduktionsziele zu erreichen. Allein für den Umbau des Energiesektors braucht es global bis 2035 schätzungsweise 2,1 Billionen Euro: 2.100 Milliarden Euro, das entspricht der Wirtschaftsleistung Österreichs von fünf Jahren. Untätigkeit würde jedoch zu deutlich höheren Kosten führen. Auch die EU-Kommission hat das Ziel übernommen, bis 2050 CO_2-neutral zu sein. Umweltverbände und PolitikerInnen von europäischen Links- und Grünparteien sprechen sich hingegen schon für 2040 als europäische Zielmarke aus, um global das Ziel der CO_2-Neutralität bis 2050 erreichen zu können.

Doch ehrgeizige Ziele, die auf internationaler Ebene verabschiedet werden, helfen wenig, wenn national-

Der prognostizierte Fortschritt der EU-Mitgliedsstaaten bei der Erreichung der Klimaziele für 2030

Differenz zu den Zielen für 2030 zur Reduzierung von Treibhausgasen auf Basis der existierenden Maßnahmen (in Prozentpunkten)

- im Zeitplan
- nicht im Zeitplan

Sources: EEA, 2018m; EU, 2018b.

Quelle: Europäische Umweltagentur: Trends and projections in Europe 2018. Tracking progress towards Europe's climate and energy targets. Luxemburg 2018, S. 11. Online unter www.eea.europa.eu/publications/trends-and-projections-in-europe-2018-climate-and-energy.

Nur wenige Länder liegen bei Maßnahmen zur Reduktion von Treibhausgasen im Zeitplan.

staatliche Regierungen nicht die notwendigen Maßnahmen ergreifen, um die Klimaziele auch in einzelnen Ländern zu erreichen. WissenschaftlerInnen des Climate Change Centre Austria (CCCA) haben den unzureichenden Entwurf der österreichischen Bundesregierung für einen „Nationalen Klima- und Energieplan", der Ende 2019 der EU-Kommission vorliegen muss, mit einem „Referenzplan als Grundlage für einen wissenschaftlich fundierten und mit den Pariser Klimazielen in Einklang stehenden Nationalen Energie- und Klimaplan für Österreich"[15] kommentiert. Dabei wurde auf Basis wissenschaftlicher Studien gezeigt, welche Schritte in Österreich in den Sektoren Energie und Industrie, Verkehr, Gebäude, Land- und Forstwirtschaft, Bio-Ökonomie und Abfallwirtschaft ergriffen werden müssen, um das 1,5-Grad-Ziel zu erreichen. Zentrale Maßnahmen, die hier genannt werden, sind eine klimagerechte Steuerreform, hocheffiziente Energiedienstleistungen, Umbau zur Kreislaufwirtschaft, klimazielführende Digitalisierung, klimaschutzorientierte Raumplanung, adäquater Ausbau erneuerbarer Energien, naturverträgliche Kohlenstoffspeicherung, wegweisende Pariser Klimazielorientierung sowie entsprechende Bildung und Forschung zu Klima und Transformation.[16] Dazu kommen „sektorspezifische Maßnahmenbündel", etwa für die Industrie, den Energie- und Verkehrssektor oder Gebäude.

Globale und nationale Anstrengungen notwendig

Warum bisher in Österreich die Klimaziele bei weitem verfehlt wurden und die Erreichung des 1,5-Grad-Ziels eine sehr große Herausforderung darstellt, lässt sich nur verstehen, wenn die Interessen machtvoller AkteurInnen an nicht-nachhaltiger Entwicklung gesehen werden. Dies betrifft etwa die fossile – auf Kohle, Erdgas und Erdöl basierende – Industrie, wo Energie- und Automobilkonzerne, aber auch an industrieller Landwirtschaft orientierte Betriebe und Düngemittelhersteller angemessene klimapolitische Veränderungen blockieren, um ihre Profite zu maximieren. Durch ihre bedeutende

Quelle: © Mitja Kobal / Greenpeace
Greenpeace am Global Earth Strike in Wien, September 2019

wirtschaftliche Rolle in der fossilen Wirtschaft haben sie über die vergangenen Jahrzehnte viel politischen Einfluss gewonnen, sei es in Parteien, Interessensverbänden wie Wirtschaftskammer und Arbeiterkammer oder in der Regierung.

Verteidigt wird dieser Kurs neben dem Management und den profitorientierten AnteilseignerInnen oft auch von den Beschäftigten, die dadurch hoffen, ihre Arbeitsplätze zu erhalten. Dabei werden sie oft vor die falsche Alternative gestellt, ihre materielle Lebensgrundlage zu sichern oder – durch den Umbau ihrer Branchen und die mögliche Gefährdung des Arbeitsplatzes – zum Klimaschutz beizutragen.[17] Die Gewerkschaften versuchen sich diesem Spannungsverhältnis anzunähern, indem sie sich im Rahmen einiger Initiativen um eine Verbindung zwischen sinnvollen Arbeitsplätzen und sozial-ökologischem Umbau unter dem Begriff „gerechter Strukturwandel" (*just transition*) bemühen.[18]

Klimaschutz wird gegen Arbeitsplätze ausgespielt

Die tiefe kulturelle Verankerung von Konsum- und Verhaltensmustern (z.B. Fleischkonsum, Reiseverhalten, Automobilität) sowie die Angewiesenheit auf billige, unnachhaltige Lebensmittel und Kleidung aufgrund eines enormen Niedriglohnsektors und in vielen Regionen hohe Mietpreise führt dazu, dass diese zerstörerische und überwiegend klimaschädliche Produktionsweise auch von KonsumentInnen gestützt wird. Zudem verfügt offensichtlich auch die staatliche Politik außerhalb von Sonntagsreden kaum über ein angemessenes Problembewusstsein und bringt nicht den Mut auf, sich gegen einige der mächtigen Interessen zu stellen und entsprechende Strategien zu formulieren.

Die bisher völlig unzureichende Klimapolitik führt dazu, dass andere AkteurInnen die Vorreiterrolle übernehmen. Verantwortungsvolle Unternehmen versuchen, ökologische Produktionsmethoden und Produkte zu entwickeln, die weit mehr als Mindeststandards erfüllen. Öffentliche Betriebe, insbesondere auf der kommunalen Ebene, werden sich zunehmend der klimapolitischen Verantwortung bewusst. Insgesamt geht es nicht um eine profitorientierte, sondern um eine an Gebrauchswerten ausgerichtete Produktion. Allerdings liegt eine Herausforderung für Unternehmen darin, ggf. aus Klimaschutzgründen die Produktion zu reduzieren. Trotz der Dominanz einer konsumfördernden Billig-Kultur bemüht sich ein nicht unerheblicher Teil der Bevölkerung, ökologisch hergestellte Produkte zu verwenden oder immer wieder den Konsum selbst zu hinterfragen, im Sinne von „brauche ich das wirklich?"

In vielen Ländern entwickelten Nichtregierungsorganisationen (NGOs) alternative Klimapläne, in denen sie aufzeigen, wie die Klimaziele bei vorhandenem politischen Willen zu erreichen wären. Außerdem brachten sie sich teilweise direkt ein, im Rahmen von internationalen Klimaverhandlungen oder in nationalen Gesetzgebungsprozessen. Aus der Kritik an der bisherigen Klimapolitik entstand das Konzept der Klimagerechtigkeit. Darum formierten sich in zahlreichen Ländern soziale Bewegungen, um gegen durch die Klimakrise und die Art ihrer Bearbeitung erzeugte Ungerechtigkeiten anzukämpfen. Bereits im Jahr 2002 verabschiedeten internationale Umweltgruppen auf dem „Rio plus 10"-Gipfel in Johannesburg die sogenannten „Bali principles of climate justice".[19] Darin fordern sie etwa, dass die bereits lange industrialisierten Staaten ihrer historischen Verantwortung für die Klimakrise gerecht werden, Opfer des Klimawandels entschädigen und aufhören, die Kosten für ihre ressourcenintensive Lebensweise zu externalisieren (auszulagern). Außerdem sollen indigene und besonders betroffene Communities stärker in Verhandlungen einbezogen und der Einfluss von Unternehmen zurückgedrängt werden. Für eine klimagerechte Zukunft fordern sie demokratisch kontrollierte und lokal verankerte Energiegewinnung, die auch den Zugang zu Energie für vulnerable Gruppen sicherstellen und gute Arbeitsbedingungen garantieren soll.

Unzureichende Klimapolitik ruft neue AkteurInnen auf den Plan

In Österreich gibt es seit vielen Jahrzehnten umweltpolitische NGOs wie Global 2000 oder Greenpeace. Auch im kirchlichen Spektrum gab es bereits früh Aufmerksamkeit für den aufkommenden Klimawandel. In jüngerer Zeit ist die soziale Bewegung für Klimagerechtigkeit aktiv. Bereits seit 2015 kämpft die Aktionsgruppe „System Change, not Climate Change!" gegen den Bau einer zusätzlichen Piste am Flughafen Wien-Schwechat oder zuletzt auch gegen den geplanten Bau der Lobau-Autobahn und für ein autofreies Wien. Andere Gruppen, wie Fridays for Future oder Extinction Rebellion, sind seit Anfang 2019 in vielen Orten in Österreich aktiv und versuchen mit ihren Protesten Druck auf die Regierung auszuüben, damit diese den Klimaschutz ernst nimmt und auf die Erreichung des 1,5-Grad-Ziels hinarbeitet.

Quelle: © GLOBAL 2000 / Christopher Glanzl / CC-BY-SA
Global 2000 am Global Earth Strike in Wien, September 2019

Handlungsmöglichkeiten für eine sozial-ökologische Transformation

Angesichts der zunehmenden ökologischen und sozialen Probleme ist gesellschaftliches Engagement umso wichtiger, um das 1,5-Grad-Ziel noch zu erreichen. Möglichkeiten dafür gibt es sowohl auf gesellschaftspolitischer wie auch auf individueller Ebene.

Eigene Konsummuster hinterfragen

Menschen engagieren sich dafür etwa in umweltpolitischen NGOs. Viele Parteien und die Gewerkschaften vertreten in der öffentlichen Debatte jedoch immer noch Positionen, die der Erreichung des 1,5-Grad-Ziels entgegenstehen. In der Regel sind diese Organisationen demokratisch organisiert und formulieren ihre Positionen durch die Einbindung ihrer Mitglieder – auch wenn interne Hierarchien Beteiligungsprozesse oft erschweren. Hier gibt es daher zahlreiche Möglichkeiten, sich einzubringen und innerhalb solcher Organisationen für klimagerechte Positionierungen einzutreten.

Doch auch in anderen Organisationen und Institutionen wie Sportvereinen und Schulen oder auch dem eigenen Arbeitsumfeld können Austausch- und Diskussionsräume genutzt werden, um über die Klimakrise zu diskutieren und zu überlegen, welcher Beitrag gemeinsam dazu geleistet werden kann, dagegen vorzugehen. Je nach Tätigkeitsfeld ergeben sich hier unterschiedliche Ansatzpunkte: Etwa für LehrerInnen bei den Inhalten im Unterricht oder in der Gestaltung der Schule, für Menschen in Büros in Hinblick auf Arbeitsabläufe und Mobilitätsverhalten – z.B. bei der Frage, ob SchülerInnen von ihren Eltern ohne Auto zur Schule gebracht werden können oder mit welchem Verkehrsmittel eine Klassenfahrt stattfindet.

Außerhalb der institutionalisierten Organisationen gibt es die zahlreichen Klimagruppen, die sich gemeinsam als Bewegung für Klimagerechtigkeit verstehen. Diese sind oft weniger hierarchisch organisiert und bieten so viele Möglichkeiten, die eigenen Positionen einzubringen, gemeinsam zu diskutieren und neue Fähigkeiten zu erlernen, wie man auf politische Entscheidungen Einfluss nehmen kann. Die inhaltliche Auseinandersetzung mit der Klimakrise kann auch zu Frustration und Zynismus führen („man kann ja eh nichts machen"), die aber durch das Wissen über Alternativen, den Austausch mit FreundInnen und KollegInnen sowie das gemeinsame gesellschaftspolitische Engagement überwunden werden können.

Der eigene Konsum und die Lebensweise ist ein weiterer Ansatzpunkt, um zum Klimaschutz beizutragen. Wirkung entfalten können diese Verhaltensänderungen jedoch nur, wenn sie mit einem umfassenderen Umbau im Bereich der Produktion einhergehen. Denn das derzeitige System beschränkt die Möglichkeiten, überhaupt dazu in der Lage zu sein, selbstbestimmte Entscheidungen bezüglich des Konsums zu treffen. Nichtsdestotrotz kann ein Hinterfragen der eigenen Konsummuster ein wichtiges Element sein, um die politischen Forderungen, die man nach außen vertritt, durch eigenes Handeln im Alltag zu unterstreichen.

---

1 Ages: Hitze-Mortalitätsmonitoring, www.ages.at/themen/umwelt/informationen-zu-hitze/hitze-mortalitaetsmonitoring/, 10.10.2019.
2 Janke, Julia/Grussmann, Severin/Miess, Michael/Schmelzer, Stefan: Volkswirtschaftliche Kosten des Klimawandels in Österreich. Wien 2015.
3 Arbesser, Maximilian/Borrmann, Julia/Felderer, Bernhard/Grohall, Günther/Helmenstein, Christian/ Kleissner, Anna/Moser, Bernhard: Die ökonomische Bedeutung des Wintersports in Österreich. Studie im Auftrag der Initiative „Netzwerk Winter". Wien 2008.
4 COIN 2015: Die Auswirkungen des Klimawandels in Österreich: eine ökonomische Bewertung für alle Bereiche und deren Interaktion, https://coin.ccca.ac.at/sites/coin.ccca.ac.at/files/factsheets/Coin_Ueberblick_v20_20012015.pdf, 10.10.2019.
5 Crowtherlab: Cities of the future. Visualizing climate change to inspire action, https://crowtherlab.pageflow.io/cities-of-the-future-visualizing-climate-change-to-inspire-action?utm_source=Guardian&utm_medium=OnlineCoverage&utm_campaign=Cities2050#210425, 10.10.2019.
6 Krams, Mathias: Die Klima- und Vielfachkrise der letzten Dekade: Dynamiken, Wechselwirkungen und Interventionsfelder, in: Kurswechsel: Zeitschrift für gesellschafts-, wirtschafts- und umweltpolitische Alternativen, 4/2018, S. 67–77.
7 Umweltbundesamt: Umweltbewusstsein in Deutschland 2016, www.umweltbundesamt.de/sites/default/files/medien/376/publikationen/umweltbewusstsein_deutschland_2016_bf.pdf, 10.10.2019.
8 Milanovic, Branko: Die ungleiche Welt – Migration, das Eine Prozent und die Zukunft der Mittelschicht. Berlin 2016.
9 Brand, Ulrich/Wissen, Markus: Imperiale Lebensweise. Zur Ausbeutung von Natur und Umwelt in globalen Kapitalismus. Berlin 2017.
10 Klein, Naomi: Die Entscheidung: Kapitalismus vs. Klima. Frankfurt a.M. 2015.
11 I.L.A. Kollektiv: Auf Kosten anderer? Wie die imperiale Lebensweise ein gutes Leben für alle verhindert. München 2017.
12 www.eea.europa.eu/data-and-maps/daviz/change-in-member-state-ghg-emissions-2#tab-dashboard-01; EU Schlusslicht: https://orf.at/stories/3132852/; Extremwetter Österreich: https://orf.at/v2/stories/2402207/2402210/; Wie Österreich betroffen ist: https://orf.at/v2/stories/2261282/2261285/.
13 Gottschlich, Daniela/Hackfort, Sarah: Zur Demokratisierung gesellschaftlicher Naturverhältnisse. Warum die Perspektiven der Politischen Ökologie dafür unverzichtbar sind, in: PVS – Politische Vierteljahresschrift, 57. Jg., 2/2016, S. 301f.
14 Umweltbundesamt: Europäische Energie- und Klimaziele, www.umweltbundesamt.de/daten/klima/europaeische-energie-klimaziele, 10.10.2019.
15 Kirchengast, Gottfried et al.: Referenzplan als Grundlage für einen wissenschaftlich fundierten und mit den Pariser Klimazielen in Einklang stehenden Nationalen Energie- und Klimaplan für Österreich (Ref-NEKP). Executive Summary. Wien/Graz 2019, https://ccca.ac.at/wissenstransfer/uninetz-sdg-13-1.
16 Kirchengast, Referenzplan, S. 8–10.
17 Brand, Ulrich/Niedermoser, Kathrin (Hrsg.): Gewerkschaften in der Gestaltung einer sozial-ökologischen Gesellschaft. Wien 2017.
18 Vgl. Arbeit & Wirtschaft: Bitte zu Tisch! Heiße Kartoffel Klimaschutz – wer ist am Zug und warum?, hrsg. von Bundesarbeiterkammer/Österreichischer Gewerkschaftsbund, 73 Jg., 7/2019; I.L.A. Kollektiv/Periskop: Von A wie Arbeit bis Z wie Zukunft. Arbeiten und Wirtschaften in der Klimakrise. Wien 2019.
19 Corpwatch 2002: Bali Principals of Climate Justice, https://corpwatch.org/article/bali-principles-climate-justice, 10.10.2019.

Judith Breitfuß

Die Klimakrise als Thema und Anlass für die Politische Bildung

Wir schreiben das Jahr 2019 und die Welt steht – sowohl im übertragenen Sinn als auch buchstäblich – in Flammen. Die großflächigen Waldbrände im Amazonasgebiet und in anderen Regionen der Welt[1] sind die jüngsten in einer Reihe katastrophaler Umweltentwicklungen, die sich in den letzten Jahren und Jahrzehnten drastisch gehäuft und verschärft haben: Das rasante Schmelzen der Polkappen und Gletscher, Überschwemmungen, Rekorddürren und -hitzewellen, dramatisches Artensterben und die Versauerung der Ozeane sind nur einige Beispiele.

Die Relevanz der Themen Klima und Umwelt für Jugendliche

Viele dieser Phänomene stehen in direkter Verbindung mit den klimatischen Veränderungen, die seit mindestens einhundert Jahren zu beobachten und, so lautet mittlerweile der wissenschaftliche Konsens, eindeutig auf die seit der Industrialisierung immer stärkere Belastung der Umwelt durch Treibhausgase zurückzuführen sind, für die der Mensch verantwortlich ist (siehe auch Grafik „Wie der Mensch das Klima verändert", S. 4). Fakt ist: der Klimawandel, für den sich mittlerweile die deutlich drastischeren Begriffe Klimakrise und Klimakatastrophe etabliert haben, ist ein globales Schlüsselproblem des 21. Jahrhunderts. Gerade weil eine konsequente Klimapolitik die Zusammenarbeit aller Staaten sowie die Berücksichtigung vieler verschiedener Dimensionen erfordert, sind bis dato kaum wirkungsvolle politische Maßnahmen zum Klimaschutz getroffen worden (siehe dazu den Beitrag von Mathias Krams und Ulrich Brand in diesem Heft).

Dabei sind die Themen Klima- und Umweltschutz medial so präsent wie nie zuvor. Das liegt nicht zuletzt an dem großen Interesse, das der Problematik (verständlicherweise) von Seiten junger Menschen zu Teil wird. Initiiert von der schwedischen Schülerin und Umweltaktivistin Greta Thunberg hat sich die von Jugendlichen angeführte Protestgruppierung Fridays for Future zu einer globalen sozialen Bewegung entwickelt, die sich für die schnelle und effiziente Umsetzung von Klimaschutzmaßnahmen durch die Politik einsetzt. Mittlerweile zählt die Bewegung lokale Protestgruppen in über 130 Staaten;[2] allein in Österreich nahmen an der bisher größten Klimademonstration im Rahmen der globalen Aktionswoche Week for Future am 27. September 2019 laut Behörden schätzungsweise 65.000 Personen teil.[3]

Dass sich heute vor allem Jugendliche Sorgen um Klima und Umwelt machen, bestätigen auch die Ergebnisse von Generation What, einer großen europäischen Jugendumfrage von 2016 (siehe Grafik auf der nächsten Seite): Auf die Frage, was ihnen am meisten Sorgen bereite, wurde in Österreich unter den 16- bis 25-Jährigen das Thema „Umwelt" am zweithäufigsten genannt – und lag damit noch vor Geldsorgen, Arbeitslosigkeit oder Zuwanderung.

Die Dringlichkeit der Klimakrise scheint den Jugendlichen mehr als ihrer Elterngeneration bewusst zu sein. So bringt etwa ein Wiener Schüler die existenzielle Bedrohung künftiger Generationen durch den Klimawandel auf den Punkt:

Judith BREITFUSS

> „Die Fakten liegen schon seit Jahrzehnten auf dem Tisch, aber es wird nichts gegen die Klimakrise getan. Es geht jetzt um Existenzen. Ich werde die Auswirkungen als Erwachsener spüren. Und auch meine Kinder sollen es auf dieser Erde noch erträglich haben. Es ist naiv zu glauben, dass man ewig so weitermachen kann."[5]
> *Mati Randow (Schüler)*

Quelle: Flickr/© Jörg Farys/Fridays for Future
SchülerInnen auf einer Demonstration von Fridays for Future in Berlin, 2018

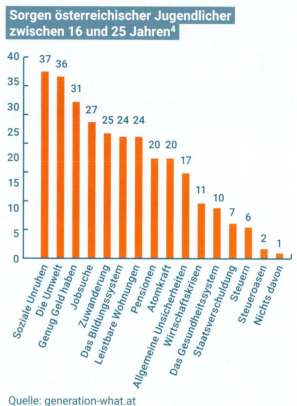

Quelle: generation-what.at
Fragestellung: Wähle jene drei Punkte aus, über die du dir am meisten Sorgen machst

Lernanlass Klimakrise: Welche Beiträge kann der Unterricht leisten?

Schule hat die Aufgabe, Kinder und Jugendliche bestmöglich auf die An- und Herausforderungen ihres Erwachsenenlebens vorzubereiten. In diesem Sinne muss sich der Unterricht zwangsläufig die Frage stellen, mit welchen Bildungsmaßnahmen dem Schlüsselproblem Klimakrise begegnet werden soll. Welches Wissen muss vermittelt, welche Kompetenzen müssen gefördert werden? Fest steht, dass sich die Thematisierung der Klima- und Umweltproblematik nicht ausschließlich auf die klassischen naturwissenschaftlichen Unterrichtsfächer beschränken darf. Die Klimakrise hat als multidimensionales Problem vielfältige Facetten, die im Idealfall die Miteinbeziehung von und Zusammenarbeit zwischen allen Fächern erfordern.[6]

Freilich ist es zunächst unumgänglich, die naturwissenschaftlichen *hard facts* des Klimawandels – das heißt die Ursachen der globalen Erwärmung, die physikalischen Grundlagen des Treibhauseffekts sowie die Auswirkungen auf Natur und Mensch – zu thematisieren. Dies findet den aktuellen Lehrplänen für die Sekundarstufe zufolge in den Fächern Biologie und Umweltkunde, Geografie und Wirtschaftskunde sowie Physik statt – allerdings ist hier festzustellen, dass die Vorgaben in den Curricula äußerst knapp und vage ausfallen. Anzumerken ist auch, dass das bloße Wissen über Umweltphänomene und -probleme noch nicht zu verantwortungsvollem, umweltbewusstem Handeln führt – das hat eine Reihe von Studien hinlänglich gezeigt.[7]

Der Schulunterricht muss also mehr leisten, als bloß die Existenz des Problems Klimawandel aufzuzeigen. Die Klimakrise muss vielmehr auch in ihrer **politischen und gesellschaftlichen Dimension** wahrgenommen werden, d.h. als eine gesamtgesellschaftliche Herausforderung, welche politisch bearbeitet werden kann und muss. Als

> **DER KLIMAWANDEL IN DER KLASSE**
>
> Um die Präsenz des Themas Klimawandel in den aktuellen Lehrplänen für NMS und AHS zu ermitteln, wurden diese systematisch nach dem Schlagwort „Klima" durchsucht, mit folgenden Ergebnissen: In Biologie und Umweltkunde wird die Problematik der Klimakrise explizit nur in der 6. Klasse der Sekundarstufe behandelt. In Geografie und Wirtschaftskunde findet eine explizite Behandlung ausschließlich in der Beschreibung des Beitrags zum Bildungsbereich „Natur und Technik" statt; in Physik ausschließlich in der Beschreibung des Beitrags zum Bildungsbereich „Mensch und Gesellschaft".
>
> Quelle: Lehrpläne allgemeinbildende höhere Schulen, https://bildung.bmbwf.gv.at/schulen/unterricht/lp/index.html

solche stellt die Klimakrise ein wichtiges Thema und einen Lernanlass für die Politische Bildung dar: Es gilt, den Jugendlichen nicht nur Sachwissen zu AkteurInnen, Institutionen und Mechanismen der Klima- und Umweltpolitik zu vermitteln, sondern sie auch darin zu trainieren, eigene politische Haltungen zu entwickeln und öffentlich zu vertreten. Politische Strategien zur Bewältigung der Klimakrise müssen kritisch beurteilt und weiterentwickelt werden. Zudem müssen die Lernenden dazu befähigt werden, im Rahmen des demokratischen Systems mit komplexen umweltpolitischen Problemen konstruktiv umzugehen – dahingehend sind vor allem die Fähigkeit zum politischen Dialog und Kooperations- sowie Kompromissbereitschaft von Bedeutung.

Hier ergeben sich Schnittstellen zum fächerübergreifenden Bildungskonzept **Bildung für nachhaltige Entwicklung (BNE)**, das eine Weiterentwicklung der in den 1970er Jahren entstandenen Umweltbildung darstellt und zudem eng mit dem Globalen Lernen verbunden ist. BNE orientiert sich am Leitbild der **Nachhaltigkeit**, das nicht nur als ökologisches, sondern auch als soziales und ökonomisches Ziel verstanden wird. Den Lernenden soll nachhaltiges Denken und Handeln vermittelt werden, wobei der Blick auf ebendiese Zusammenhänge zwischen Ökologie, Ökonomie und der sozialen Dimension besonders geschärft wird. Anschluss an die Politische Bildung entsteht vor allem dadurch, dass nachhaltige Entwicklung als gesamtgesellschaftliche und globale Aufgabe verstanden wird, welche das verstärkte Engagement der BürgerInnen erfordert und politische Konsensfindung und Konfliktlösung notwendig macht.[8]

Klima und Umwelt in den Lehrplänen der Politischen Bildung

Hinsichtlich der hohen Relevanz des Themas Klimawandel überrascht es, dass dieses bis dato scheinbar kaum Eingang in die österreichischen Lehrpläne für Politische Bildung gefunden hat. Zwar sollen den Lehrplänen zufolge immer wieder Umweltaspekte im Rahmen der historisch-politischen Bildung behandelt werden, jedoch findet die Klimakrise bzw. der Klimawandel an keiner Stelle explizit Erwähnung (siehe Grafik „Wissensnetz zum Thema Klimaschutz", S. 19). Diese Vernachlässigung der Klima- und Umweltproblematik scheint symptomatisch für die relative Marginalisierung der Klimathematik in der österreichischen Politik, welche immer noch zu beobachten ist.

Eingang in die curricularen Vorgaben haben die Themen Klima und Umwelt vor allem in Form des fächerübergreifenden **Unterrichtsprinzips „Umweltbildung für nachhaltige Entwicklung"** gefunden, das infolge des Bundesverfassungsgesetzes 2013 über die Nachhaltigkeit, den Tierschutz, den umfassenden Umweltschutz, die Sicherstellung der Wasser- und Lebensmittelversorgung und die Forschung beschlossen wurde. Das Unterrichtsprinzip orientiert sich stark an den pädagogischen Leitlinien der BNE.

Ökologische und soziale Dimension der Klimapolitik vermitteln

> **UMWELT- UND KLIMASCHUTZ: AUSZÜGE AUS DEN LEHRPLÄNEN**
>
> **FÄCHERÜBERGREIFENDES UNTERRICHTSPRINZIP POLITISCHE BILDUNG auf allen Schulstufen:**
>
> „[Politische Bildung] greift wesentliche politische Fragestellungen auf, wie z.B. die Legitimation von politischer Macht und deren Kontrolle, eine **gerechte Ressourcenverteilung**, den **verantwortungsvollen und ressourcenschonenden Umgang mit Natur und Umwelt**, die Gleichheit der politischen Rechte u.v.m."
>
> **LEHRPLAN FÜR DIE SEKUNDARSTUFE I (Fach „Geschichte und Sozialkunde / Politische Bildung"):**
>
> **Grundbereiche und Dimensionen:** „Im Bereich des historischen Lernens stellen u.a. Sozialgeschichte, Neue Kulturgeschichte, Geschlechtergeschichte, **Umweltgeschichte** oder Globalgeschichte gleichberechtigte Zugänge dar."
>
> **4. Klasse:** „[Die SchülerInnen sollen] soziale Bewegungen (Frauenbewegung, Friedensbewegung, **Umweltbewegung**) beschreiben und ihre öffentlichkeitswirksamen Strategien als Beispiele von politischer Partizipation bewerten."
>
> **LEHRPLAN FÜR DIE SEKUNDARSTUFE II (AHS-Oberstufe, Fach „Geschichte, Sozialkunde und Politische Bildung"):**
>
> **Beitrag zum Bildungsbereich Natur und Technik:** „Wechselwirkung zwischen Natur, Technik und Gesellschaft; gesellschaftliche Folgen von technischen Innovationen; Grenzen des naturwissenschaftlich-technischen Fortschritts."
>
> **7. Klasse:** „Politische, wirtschaftliche, kulturelle und soziale Entwicklungen vom 1. Weltkrieg bis zur Gegenwart," z.B. „soziale, **ökologische**, politische, wirtschaftliche, geschlechterbezogene und kulturelle **Ungleichheiten** und die Entwicklung von **nachhaltigen Lösungsstrategien**."
>
> **8. Klasse:** „Emanzipatorische, soziale Bewegungen und Gegenströmungen nach 1945 in Österreich, Europa und der Welt, z.B. Frauen-, Jugend- und Studentenbewegungen."
>
> Quelle: Auszüge aus den Lehrplänen und dem Grundsatzerlass Politische Bildung, https://bildung.bmbwf.gv.at/schulen/unterricht/lp/index.html und https://bildung.bmbwf.gv.at/ministerium/rs/2015_12.html

In Hinblick auf politische Aspekte des Klima- und Umweltschutzes sowie Konsequenzen für die Politische Bildung hält das Unterrichtsprinzip u.a. fest:

Auf der Basis objektiver Informationen sollen unterschiedliche Sichtweisen im demokratischen Diskurs bearbeitet werden. Dabei sollen die jeder wirtschaftlichen Entwicklung gesetzten Grenzen in Bezug auf die soziale Gerechtigkeit und den Erhalt der natürlichen Lebensgrundlagen bewusst gemacht und auch nationale, europäische sowie globale entwicklungspolitische Anliegen zur Sprache gebracht werden. Umweltbildung dient damit der Förderung demokratischer Einstellungen und Verhaltensweisen und schafft Voraussetzungen für eine konstruktive Bearbeitung von gesellschaftlichen Konflikten.[9]

Insgesamt bleibt jedoch weitgehend offen, wie und wann konkret die Vorgaben des Grundsatzerlasses im Unterricht umgesetzt werden sollen. Deshalb werden im Folgenden einige konkrete Vorschläge dazu gemacht, wie die Politische Bildung zum Umgang mit der Klimakrise beitragen kann.

Die Klimakrise im Politikunterricht: Konzepte und Kompetenzen

Was sollen SchülerInnen nun konkret im Politikunterricht lernen, um der Herausforderung der Klimakrise in Gegenwart und Zukunft begegnen zu können? Fest steht, dass in der Politischen Bildung die vorrangige Ausrichtung an normativen **Inhalten** problematisch ist – zu leicht könnte der Unterricht durch politische und weltanschauliche Interessen instrumentalisiert werden, was dem Überwältigungsverbot und Kontroversitätsprinzip des Beutelsbacher Konsenses[10] freilich zuwiderlaufen würde. Es kann deshalb auch nicht das Ziel einer verantwortungsvollen umweltpolitischen Bildung sein, die SchülerInnen auf die Annahme bestimmter Werthaltungen hin zu indoktrinieren: So wäre es beispielsweise weder zulässig noch zielführend, den SchülerInnen im Unterricht Flugreisen und Fleischkonsum „ausreden" zu wollen – zwar wäre es natürlich löblich, wenn Jugendliche ihre Konsumgewohnheiten hinterfragen würden; die Entscheidung für einen umweltbewussteren Lebensstil kann aber schließlich nur von der/dem Einzelnen selbst getroffen werden.

Vielmehr als um bestimmte Inhalte geht es in der Politischen Bildung um die Förderung von **Kompetenzen**, welche Jugendliche schlussendlich zu politisch mündigen und handlungsfähigen BürgerInnen ausbilden sollen. Grundlage der fachspezifischen Politischen Bildung an Österreichs Schulen ist das österreichische Kompetenz-Strukturmodell für Politische Bildung. Dieses unterscheidet die politische Sachkompetenz, die politische Methodenkompetenz, die politische Urteilskompetenz und die politische Handlungskompetenz.[11] Nachfolgend werden konkrete Vorschläge zur Umsetzung der Sachkompetenz, Urteilskompetenz und Handlungskompetenz im Bereich der Klima- und Umweltpolitik gemacht (die Methodenkompetenz ist in alle drei Bereiche involviert, soll an dieser Stelle daher nicht gesondert behandelt werden).

Politische Sachkompetenz

Um im Bereich der Klima- und Umweltpolitik qualitätvolle Urteile treffen und erfolgreich politisch handeln zu können, sind fundiertes Sachwissen und die Kenntnis themenspezifischer Fachtermini unverzichtbar. Dazu gehören – abgesehen von den weiter oben erwähnten naturwissenschaftlichen *hard facts* – Informationen zu AkteurInnen, Institutionen und Mechanismen der Klima- und Umweltpolitik. Hilfreich ist dabei, dieses Wissen in Form von **Konzepten** zu organisieren, die der Strukturierung politischen Wissens dienen und die sinnhafte Verknüpfung verschiedener Themen und Inhalte in Form von „Wissensnetzen" ermöglichen.[12]

Quelle: Judith Breitfuß

Folgende Basiskonzepte scheinen in der Auseinandersetzung mit Klima- und Umweltpolitik besonders geeignet zu sein und können im Politikunterricht mittels vertiefender Fragestellungen erschlossen werden:

> **BASISKONZEPTE, DIE ZUSAMMENHÄNGE DES MENSCHLICHEN ZUSAMMENLEBENS REFLEKTIEREN**
>
> **KONZEPT „STRUKTUR":** Welche **rechtlichen Rahmenbedingungen und Übereinkommen** gibt es im Bereich der Klima- und Umweltpolitik von der nationalen zur globalen Ebene (z.B. Bundesverfassungsgesetz 2013, Kyoto-Protokoll 1997, Pariser Klimaabkommen 2015)? Welche Rolle spielen **Wirtschaftsordnungen** (allen voran der Industriekapitalismus) und deren AkteurInnen in der Klima- und Umweltpolitik?
>
> **KONZEPT „MACHT":** Welche **politischen AkteurInnen** in der Klima- und Umweltpolitik gibt es von der lokalen zur globalen Ebene (z.B. Gemeinde-/Landes-/Bundesregierungen, Parteien, Interessensverbände, Europäische Union, Vereinte Nationen)? Welche Positionen zur Klima- und Umweltpolitik vertreten die verschiedenen politischen Parteien und Interessensverbände?
>
> **KONZEPT „HANDLUNGSSPIELRÄUME":** Welche **gesellschaftlichen bzw. nichtstaatlichen AkteurInnen** gibt es in der Klima- und Umweltpolitik (z.B. NGOs, Bürgerinitiativen)? Welche **Möglichkeiten der politischen Partizipation** der/des Einzelnen gibt es (z.B. Teilnahme an Wahlen/Petitionen/Volksbegehren, Engagement in Bürgerinitiativen und sozialen Bewegungen, Kontaktaufnahme mit Parteien und PolitikerInnen, Formen des Protests, Formulierung und Austausch politischer Meinungen in den Sozialen Medien), und welche eignen sich speziell für Kinder und Jugendliche (z.B. Teilnahme an der Schuldemokratie, Engagement in NGOs und Jugendorganisationen)?
>
> **KONZEPT „KOMMUNIKATION":** Welche Rolle spielen die **Medien** als gesellschaftliche Akteure in der Klima- und Umweltpolitik? Welchen Einfluss haben z.B. das Internet und die Sozialen Medien auf umweltpolitische Bewegungen? Wie gestaltet sich die mediale **Berichterstattung** zur Klimakrise und anderen Umweltproblemen?

Politische Urteilskompetenz

Die politische Urteilskompetenz bezeichnet die Fähigkeit, politische Sachverhalte und Situationen einschätzen und beurteilen zu können. Im Bereich der Klima- und Umweltpolitik geht es darum, auf Basis von fundiertem Wissen zu eigenständigen begründeten Standpunkten zu gelangen und politische Entscheidungen und Maßnahmen – beispielsweise die Umsetzung der Vorgaben des Pariser Klimaabkommens durch die österreichische Regierung – kritisch zu überprüfen.

Gerade bei komplexen Themen der Klima- und Umweltpolitik ist es oft schwierig, eindeutige Urteile zu treffen, da verschiedene Faktoren (Ökologie, Wirtschaft, Soziales) berücksichtigt werden müssen. Viele umweltpolitische Probleme stellen politische Dilemmata dar, für die es keine eindeutig „richtige" bzw. für alle AkteurInnen zufriedenstellende Lösung gibt. Die Förderung der politischen Urteilskompetenz kann dazu beitragen, solchen umweltpolitischen Dilemmata abwägend und kompromissbereit begegnen zu können.[13]

Politische Handlungskompetenz

Die politische Handlungskompetenz schließlich beschreibt die Fähigkeit zur praktischen politischen Partizipation. In Hinblick auf die Herausforderungen der Klimakrise geht es darum, die SchülerInnen zu einer aktiven Auseinandersetzung mit Klima- und Umweltpolitik zu befähigen und anzuregen. Die Vermittlung von Handlungskompetenz im Bereich der Klima- und Umweltpolitik bedeutet, den SchülerInnen das Handwerkszeug zur erfolgreichen politischen Partizipation und zum konstruktiven Umgang mit politischen Problemstellungen zur Verfügung zu stellen.

ANBAHNUNG VON SACHKOMPETENZ

Politische Macht kann nicht nur von den Regierenden, sondern auch „von unten" ausgeübt werden: Es gibt zahlreiche Beispiele für so genannte „Graswurzelbewegungen" (engl. *grassroots movements*), die sich für Umweltthemen engagier(t)en und durchaus beträchtliche Erfolge erzielen konnten bzw. können.

Zur Vertiefung des Konzepts „Handlungsspielräume" können sich die SchülerInnen bspw. in Form eines Gruppenpuzzles mit vier verschiedenen Umweltbewegungen aus Geschichte und Gegenwart auseinandersetzen:[14]

→ Die Anti-Atomkraft-Bewegung (Österreich, 1970er Jahre)
→ Die Protestbewegung um die Hainburger Au (Österreich, 1980er Jahre)
→ Die Protestbewegung um den Hambacher Forst (Deutschland, seit ca. 2012)
→ Die Protestbewegung Extinction Rebellion (weltweit, seit 2018)

Quelle: Flickr/ © Julian Meehan
Ein *Die-In* der Bewegung Extinction Rebellion in Melbourne, 2019

ANBAHNUNG VON URTEILSKOMPETENZ

Zur Schulung der Urteilskompetenz eignet sich die Dilemma-Methode. Durch die Übernahme von Rollen werden gegensätzliche Standpunkte ausgelotet (vgl. dazu die Arbeitsblätter im Beitrag von Beatrix Oberndorfer in diesem Heft). Folgendes Szenario bietet sich zum Beispiel an:

Die Betreiber des kleinen Flughafens der Stadt Grüntal planen, den Flughafen durch den Bau einer neuen Landebahn zu vergrößern. Dadurch soll auch das Angebot der Flugverbindungen vergrößert werden. Unter den BürgerInnen von Grüntal gibt es allerdings nicht nur Zuspruch für das Projekt; viele EinwohnerInnen stehen dem Ausbau des Flughafens kritisch gegenüber. Deshalb lädt der Bürgermeister von Grüntal zu einer öffentlichen Diskussionsveranstaltung, bei der unterschiedliche Standpunkte zum Projekt vorgetragen und gesammelt werden sollen.

ANBAHNUNG VON HANDLUNGSKOMPETENZ

Im Jahr 2015 wurden von den Vereinten Nationen die sogenannten Sustainable Development Goals (SDGs, Ziele für nachhaltige Entwicklung) beschlossen. Dabei handelt es sich um 17 politische Zielsetzungen, die der Sicherung einer nachhaltigen Entwicklung auf ökonomischer, sozialer und ökologischer Ebene dienen und bis 2030 von allen Mitgliedsstaaten – also auch von Österreich – umgesetzt werden sollen. Sieben dieser Ziele beziehen sich speziell auf den Umwelt- und Klimaschutz: **Sauberes Wasser und Sanitäreinrichtungen – Bezahlbare und saubere Energie – Nachhaltige Städte und Gemeinden – Nachhaltige/r Konsum und Produktion – Maßnahmen zum Klimaschutz – Leben unter Wasser – Leben an Land** (wobei zu berücksichtigen ist, dass alle Ziele in Verbindung miteinander stehen).[15]

Im Unterricht bietet sich eine kritische und handlungsorientierte Auseinandersetzung mit den SDGs an. Dabei können etwa folgende Arbeitsaufträge von den SchülerInnen in Partner- oder Gruppenarbeit erledigt werden:

→ Die SDGs lesen (online unter: www.unis.unvienna.org/pdf/2016/SDG/SDG_Goals_plus_Targets_D.pdf) und ermitteln, welche der Ziele sich hauptsächlich mit den Themen Umwelt- und Klimaschutz beschäftigen.

→ Den Beitrag Österreichs zur Umsetzung der Klima- und Umweltziele analysieren und weiteren Handlungsbedarf feststellen.

→ Beispiele für Maßnahmen auf unterschiedlichen Ebenen – Österreich, Bundesland, Wohnort, eigenes Alltagsumfeld – finden, die zur Umsetzung der Klima- und Umweltziele beitragen.

→ Eine Kampagne zur Umsetzung eines ausgewählten Klima- und Umweltziels an der Schule entwerfen.

---

1 Zum Zeitpunkt des Verfassens dieses Beitrags gab es unter anderem großflächige Brände in Angola, dem Kongo, Bolivien und Russland. Siehe dazu z.B. die Feuerweltkarte von Global Forest Watch: https://fires.globalforestwatch.org/home/, 11.09.2019.

2 Diese Zahl stammt von der offiziellen Website von Fridays for Future: www.fridaysforfuture.org/events/list, 11.09.2019.

3 Rekordbeteiligung in Österreich: Starkes Ende der Klimastreikwoche, ORF, 27.09.2019. Online unter https://orf.at/stories/3138737/, 18.10.2019.

4 Daten online unter www.generation-what.at/portrait/data/occupy, 11.09.2019.

5 Interview mit Mati Randow, in: Der Standard, 10.03.2019. Online unter www.derstandard.at/story/2000099204019/die-schueler-die-fuer-das-klima-streiken, 11.09.2019.

6 Vgl. Overwien, Bernd: Umweltbildung und Bildung für nachhaltige Entwicklung, in: Sander, Wolfgang (Hrsg.): Handbuch politische Bildung. 4., völlig überarb. Aufl. Schwalbach/Ts. 2014, S. 375–382, hier S. 378.

7 Vgl. Overwien, Umweltbildung, S. 375.

8 Vgl. ebd., S. 375–380.

9 Bundesministerium für Bildung und Frauen: Grundsatzerlass Umweltbildung für nachhaltige Entwicklung. Wien 2014, S. 5f.

10 Vgl. dazu www.demokratiezentrum.org/fileadmin/media/data/beutelsbacher_konsens.pdf.

11 Krammer, Reinhard et al.: Die durch politische Bildung zu erwerbenden Kompetenzen. Ein Kompetenz-Strukturmodell. Online unter https://bildung.bmbwf.gv.at/schulen/unterricht/ba/glv_kompetenzmodell_23415.pdf, 25.10.2019. Ders.: Kompetenzen durch Politische Bildung. Ein Kompetenz-Strukturmodell, in: Forum Politische Bildung (Hrsg.): Informationen zur Politischen Bildung 29/2018, S. 5–14.

12 Vgl. Sander, Wolfgang: Politik entdecken – Freiheit leben. Didaktische Grundlagen politischer Bildung. 3., durchgesehene Aufl. Schwalbach/Ts. 2008, S. 95–104; Hellmuth, Thomas/Kühberger, Christoph: Historisches und politisches Lernen mit Konzepten, in: Historische Sozialkunde Nr. 1 (2016), S. 3–8.

13 Zur Dilemma-Methode im Politikunterricht siehe auch Ammerer, Heinrich: Zwischen Pest und Cholera. Dilemmasituationen in der Umweltpolitik, in: Forum Politische Bildung (Hrsg.): Informationen zur Politischen Bildung 34/2011, S. 61–67.

14 Siehe dazu auch die Vorgaben des Lehrplans für „Geschichte, Sozialkunde und politische Bildung" für die 4. Klasse der Sekundarstufe I.

15 Mehr Informationen dazu unter: www.politik-lernen.at/site/praxis/dossiers/sustainabledevelopmentgoa, 25.09.2019.

Für den Unterricht

„Das Bundesministerium für Bildung, Wissenschaft und Forschung räumt dem Klimaschutz sowie der Nachhaltigkeit einen hohen Stellenwert ein und begrüßt ausdrücklich das diesbezügliche Engagement der österreichischen Schülerinnen und Schüler sowie eine entsprechende Befassung mit diesen Thematiken im Rahmen von Projektunterricht oder Exkursionen."

Quelle: „Earth Strike" am 27.09.2019 – Information des BMBWF

Lara Möller/Alexander Wohnig

Fridays for Future.
Ein Fallbeispiel für politische Partizipation

 ZIELGRUPPE Sekundarstufe I: ab der 8. Schulstufe

 LEHRPLANBEZUG Modul 8 (Politische Bildung): Politische Mitbestimmung (8. Klasse)

 DAUER 2–3 Unterrichtseinheiten

 METHODISCH-DIDAKTISCHE EINFÜHRUNG

Dieser unterrichtspraktische Beitrag unterstützt die SchülerInnen dabei, die Rolle von politischer Partizipation für den eigenen Alltag und die eigenen Lebenswelten zu erkennen. Dadurch sollen subjektive politische Handlungsspielräume reflektiert und deren Bedeutung für demokratisch-politische Partizipation erarbeitet werden. Dabei werden die eigenen Perspektiven und Lernpotentiale der Jugendlichen für die Lernprozesse genutzt: Vorkenntnisse und Erfahrungswerte schaffen einen Zugang zum Gegenstand und fördern die Vermittlung von neuem Wissen.

Politische Kompetenzen und inhaltliche Konkretisierung

Politische Urteils- und Handlungskompetenz

Von den im Lehrplan genannten politischen Kompetenzen berühren die vorliegenden Unterrichtsvorschläge speziell die politische Urteils- und Handlungskompetenz. Politische Handlungskompetenz umfasst den wertschätzenden Umgang und die Fähigkeit zu Kompromissen gegenüber divergierenden Positionen.[1] Politische Bildungsprozesse sollen die Lernenden dabei unterstützen, den politischen Alltag auf Basis ihrer eigenen Positionen reflektiert und handelnd mitzugestalten.

So heißt es etwa im österreichischen Lehrplan der allgemein bildenden höheren Schule – Unterstufe in Modul 8 (Politische Bildung), „Möglichkeiten für politisches Handeln", in der Kompetenzkonkretisierung: „Politische Interessen und Meinungen ausdrücken; Bewusste und reflektierte politische Entscheidungen treffen; Mit Institutionen und Personen der politischen Öffentlichkeit Kontakt aufnehmen; Angebote von politischen Organisationen nutzen".

Indem die Jugendlichen in den vorliegenden Übungen ihre eigenen Vorstellungen über Partizipationsmöglichkeiten ihren MitschülerInnen präsentieren, argumentieren und schließlich unterschiedliche Sichtweisen über das Thema gemeinsam diskutieren, wird dieser Bereich gestärkt. Am Beispiel von Fridays for Future können sich die SchülerInnen ein Urteil über die Handlungs- und Einflussmöglichkeiten junger Menschen in der Gesellschaft bilden.

Wo und wie kann ich mich einbringen

Durch die Reflexion von Möglichkeiten und Schranken von politischer Partizipation und den Einfluss von Ungleichheit erlangen sie Handlungskompetenz. Exemplarisch wird Ihnen, auf der Basis der Freiwilligkeit, die Möglichkeit zu eigener politischer Partizipation gegeben.

Basiskonzepte: Macht und Handlungsspielräume

Macht über etwas haben

Das Unterrichtsbeispiel bezieht sich auf die Basiskonzepte Macht und Handlungsspielräume. Durch das Lernen mit Hilfe von Konzepten können die subjektiven Gedanken und Vorstellungen der Lernenden zu politischen Themen im Unterricht aufgegriffen und gefördert werden.[2] Die Konzepte Macht und Handlungsspielräume beziehen sich dabei konkret auf Zusammenhänge des menschlichen Zusammenlebens und sind dadurch relevant für die Gestaltung des demokratischen Alltags. Im Rahmen von Demokratisierungsprozessen sollte Macht jedoch gerade in Bezug auf Partizipationsmöglichkeiten und zivilgesellschaftliche Handlungsspielräume kritisch reflektiert werden. Dies betrifft hier im Zusammenhang von Umwelt- und Klimapolitik zunächst einen essentialistischen Machtbegriff und die Frage danach, wie Ressourcen für die Handlungsfähigkeit von AkteurInnen verteilt sind. Hinsichtlich ungleich verteilter politischer Handlungsspielräume (z.B. über das Wahlrecht) wird hier „power over", also „Macht über etwas oder jemanden", die über andere und auf Kosten von deren Interessen ausgeübt wird, relevant.

Ermächtigung zu etwas

Macht kann jedoch auch politische Handlungsspielräume und Einflussmöglichkeiten eröffnen, im Sinne von „power to", also „Ermächtigung zu etwas". In Bezug auf Fridays for Future wird von Jugendlichen im Sinne von organisiertem und kollektiven Handeln Öffentlichkeit hergestellt. Politische Handlungsmacht wird hier somit als Kollektivmacht und Macht als Gestaltungsfähigkeit verstanden.

ZENTRALE FRAGESTELLUNGEN

→ Welchen Stellenwert nimmt politische Partizipation in der Demokratie ein?
→ Wie hat sich politische Partizipation verändert und welche Handlungsspielräume haben Kinder und Jugendliche heute, bspw. in Bewegungen wie Fridays for Future?
→ Wer gestaltet den politischen Prozess: Wer ist beteiligt und wer ist ausgegrenzt?

INHALTLICHE HINFÜHRUNG ZUM THEMA

Die Befähigung von Menschen zu politischer Partizipation gilt, neben der Vermittlung politischen Wissens und der Ermöglichung einer fundierten und multiperspektivischen politischen Urteilsbildung, als ein zentrales Ziel Politischer Bildung. Darunter wird in der schulischen Politischen Bildung zumeist verstanden, dass Kinder und Jugendliche lernen, welche Möglichkeiten der politischen Partizipation es in der Demokratie für die BürgerInnen gibt, wie die politischen Partizipationsprozesse ablaufen und welche Partizipationsmöglichkeiten sie selbst haben.

Bilder © Gertraud Diendorfer

Auch SchülerInnen aus Wien demonstrierten beim weltweiten Earth Strike am 27. September in Wien. Da im Vorfeld darüber diskutiert wurde, ob die Teilnahme an der Demonstration als Schulschwänzen zu werten ist, reagierte das Bildungsministerium auf diese Bedenken. *„Das Kennenlernen der Demonstration als demokratiepolitisches Instrument sowie die außerschulische Diskussion der Themen Nachhaltigkeit und Klimaschutz sind deshalb bei entsprechender Vor- und Nachbereitung als Ergänzung zum Unterricht zu sehen."*
Quelle: „Earth Strike" am 27.09.2019 – Information des BMBWF

Ausweitung der politischen Partizipation

Die politische Partizipation erfolgt in Österreich weiterhin primär über die Teilnahme an Wahlen politischer RepräsentantInnen und somit im Rahmen konventioneller Partizipation, die in die Verfassung eingeschrieben ist. Gleichzeitig lässt sich feststellen, dass sich die politischen Partizipationsformen in den letzten Jahren erweitert und dadurch insbesondere unkonventionelle Formen politischer Teilhabe an Bedeutung gewonnen haben. Die Erweiterung der Partizipationspraxis ist im Kontext der vorliegenden Thematik dabei mitunter auf Neue soziale Bewegungen zurückzuführen, die unterschiedliche Formen des Protests für die Durchsetzung ihrer politischen Forderungen sowie die Mobilisierung der Zivilgesellschaft nutzten.[3] Nachdem die Zweite Republik lange Zeit als politische Konsenskultur charakterisiert worden war, ist sie mittlerweile – durch die zunehmende Relevanz vielfältiger unkonventioneller und alternativer Formen der Partizipation in der Zivilgesellschaft – vermehrt von einer Konfliktkultur geprägt.[4]

In diesem Zusammenhang ist zu beobachten, dass Kinder und Jugendliche selbst das Spektrum politischer Partizipation ausloten, indem sie sich bei Fridays for Future basisdemokratisch organisieren, „ihre" Themen ansprechen und durch ihr Handeln die Schule zu einem Raum der Auseinandersetzung mit politischen Partizipationsformen machen.

Die nachfolgenden Übungen beschäftigen sich mit politischen Handlungsmöglichkeiten, die für Kinder und Jugendliche relevant sind. Es wird danach gefragt, wie junge Personen im Sinne ihrer eigenen Erwartungen an die Demokratie partizipieren können und dementsprechend in Partizipations- und Entscheidungsfindungsprozesse eingebunden werden. Die Schule als wichtiger Bestandteil jugendlicher Lebenswelten bietet Raum, die eigenen Handlungsoptionen durch partizipative Lernprozesse zu entwickeln und dabei auch kritische Fragen nach Einschränkungen von Mitbestimmung zu stellen.

UNTERRICHTSABLAUF

Einflussmöglichkeiten erkennen

Zielsetzung der vorliegenden vier Übungen ist es, anhand der genannten Fragestellungen die Urteils- und Handlungskompetenz in Bezug auf die politischen Handlungsspielräume und die damit verbundene politische Gestaltungsmacht von Kindern und Jugendlichen zu fördern. Entsprechend bauen die einzelnen Übungen aufeinander auf, um die SchülerInnen dabei zu unterstützen, sich der politischen Einflussmöglichkeiten in ihrer alltäglichen Lebenswelt bewusst zu werden. Die jeweiligen Vorstellungen der Jugendlichen von politischer Partizipation werden erfasst; das Fallbeispiel Fridays for Future wird kritisch als möglicher politischer Handlungsraum für Jugendliche ausgelotet. Dadurch wird das Lernpotential der SchülerInnen im Verlauf der Übungen in den Lernprozess miteinbezogen, und die Jugendlichen können ihre eigenen Perspektiven sowie damit verbundene Erwartungen und Ansprüche partizipativ in die Unterrichtsgestaltung einbringen. Gleichzeitig reflektieren sie diese Zugänge durch die Aneignung von neuem Wissen und diskutieren ihre Lernschritte gemeinsam in der Klasse.

Übung 1 Schreibdiskussion Fridays for Future

In der ersten Übung bringen die Jugendlichen ihre subjektiven Vorstellungen argumentativ in der Gruppe ein und beziehen im Sinne der Urteils- und Handlungskompetenz Stellung zu den Perspektiven ihrer MitschülerInnen. Die eigenen Vorstellungen zum Thema sollen dadurch im Austausch mit den anderen erweitert und die eigenen Perspektiven formuliert und vertreten werden.

Gruppenarbeit

Für diese Übung wird die Schulklasse in sechs Gruppen von ungefähr fünf Personen (je nach Klassengröße) eingeteilt, die sich jeweils um einen Tisch setzen. Jede Gruppe erhält ein Plakat und jede Person einen Stift. In der Mitte des Plakates hat der/die LehrerIn die Frage, die diskutiert wird, im Vorfeld aufgeschrieben. Die Fragen haben einen ähnlichen Fokus, der auf die Handlungsmöglichkeiten der Jugendlichen zielt und dabei Fridays for Future als Fallbeispiel integriert.

Schreibdiskussion

Die Jugendlichen schreiben nun ihre Ideen und Gedanken zum Thema auf das Plakat. Wichtig ist, dass während der Übung nicht miteinander gesprochen wird und die SchülerInnen in Form schriftlicher Argumente aufeinander eingehen. Im Rahmen dieses schriftlichen Kommunikationsprozesses tauschen die Jugendlichen unterschiedliche Sichtweisen auf das Thema „politische Handlungsspielräume" aus und geben sich dadurch gegenseitig Impulse. Nach 15 bis 20 Minuten Schreibdiskussion fasst jeweils eine Person pro Gruppe den Diskussionsprozess und die dabei gesammelten Gedanken und unterschiedlichen Perspektiven zum Thema für die MitschülerInnen zusammen.

Ergebnisse festhalten

Parallel hält der/die LehrerIn schließlich die Erkenntnisse der einzelnen Gruppen für alle sichtbar an der Tafel/am Smartboard o.ä. fest.

Übung 2 Textarbeit – Was ist Fridays for Future?

Übung 2 knüpft an die zuvor eingebrachten Vorstellungen der Lernenden an und diskutiert die politischen Handlungsmöglichkeiten konkret am Beispiel der Selbstbeschreibung von Fridays for Future Austria. Die SchülerInnen erhalten dazu einen Auszug in übersichtlicher Textform (Material 1). Diesen sollen sie zunächst in Einzelarbeit lesen und daran anschließend gemeinsam in den vorherigen Gruppen die gestellten Fragen beantworten. Hierbei soll reflektiert werden, welchen Eindruck das neu erworbene Wissen vor dem Hintergrund der vorausgegangenen Schreibdiskussion auf die Jugendlichen macht. Abschließend werden in der gesamten Klasse die Antworten zusammengetragen. Gemeinsam werden die gesammelten Gedanken, Widersprüche und Fragen, die während der Schreibdiskussion sowie während der Textarbeit aufgekommen sind, diskutiert und geklärt.

Übung 3 Umfrage – Wie partizipieren wir politisch?

Erfahrungswelt der Jugendlichen einbeziehen

Diese Übung erweitert die Ebene der Vorstellungen über Partizipation um konkrete Erfahrungen der Jugendlichen. Neben den Gedanken dazu, was Partizipation ist, soll gemeinsam erarbeitet werden, welche politischen Handlungsspielräume die Jugendlichen bereits selbst erfahren haben und welche Bereiche des Alltags somit einerseits politisch sind und andererseits durch politische Partizipation von Jugendlichen mitgestaltet werden können. Hervorzuheben ist in Hinblick auf Urteils- und Handlungskompetenz auch bei dieser Übung der Bezug zu den Vorstellungen der Jugendlichen und zu ihrer Lebenswelt im Sinne ihrer Alltagserfahrungen – diese sind eine wichtige Basis für nachhaltige Lernprozesse.

Die Lehrkraft teilt allen SchülerInnen einen Zettel mit Fragen aus, auf dem unterschiedliche Partizipationsformen im Sinne politischer Handlungsmöglichkeiten stehen. Alle SchülerInnen verteilen sich nun im Klassenzimmer und stellen einander die Fragen, die mit Ja oder Nein zu beantworten sind. Die SchülerInnen notieren die Anzahl der Antworten jeweils mit Strichlisten. Gemeinsam tragen sie die Antworten zusammen und zählen diese aus. Die Ergebnisse werden grafisch in einem Balkendiagramm (ein Beispiel dafür findet sich auf dem Arbeitsblatt) auf einem Poster veranschaulicht, um einen Überblick darüber zu bekommen, „wie wir Jugendliche partizipieren".

Diskussion und Reflexion

In der nächsten Stunde wird diese Übersicht gemeinsam besprochen und vertiefend diskutiert. Auf dieser Basis soll eine Diskussion zu den genannten vier Fragen geführt werden. Die Jugendlichen reflektieren, welche Grenzen bestimmte Partizipationsformen für ihre politischen Handlungsspielräume mit sich bringen, und welche Formen Jugendlichen vor allem zugänglich sind und ihnen dabei helfen, ihre politischen Interessen zu erkennen und gegenüber anderen zu artikulieren und zu argumentieren. Dabei wird sichtbar, welche Formen politischer Partizipation im Alltag der Jugendlichen jeweils genutzt werden. Gleichzeitig werden die SchülerInnen durch die Handlungen ihrer KollegInnen inspiriert und lernen neue Partizipationsformen kennen, die sie zuvor eventuell nicht mit politischen Handlungsspielräumen verbunden hätten. Die Fragen zielen dabei auch auf eine kritische Reflexion des Wandels von Partizipationsformen und der sie nutzenden Gesellschaftsgruppen.

Übung 4   Bildanalyse – Unpolitische Jugend?

Machtgefälle Erwachsene – Jugendliche

Übung 4 knüpft an die vorherigen Reflexionen an und vertieft die Auseinandersetzung mit dem Machtverhältnis zwischen Erwachsenen/PolitikerInnen und Jugendlichen. Dabei wird das (Vor-)Urteil vieler Erwachsener und PolitikerInnen, Jugendliche seien politikverdrossen und politisch desinteressiert, als Fremdzuschreibung aufgegriffen. Ziel ist, dass die SchülerInnen diese Zuschreibung kritisch reflektieren und mit den veränderten Partizipationsformen Jugendlicher in Verbindung setzen. Zudem sollen sie das Ungleichheitsverhältnis zwischen Erwachsenen und PolitikerInnen sowie Jugendlichen thematisieren.

Die SchülerInnen bearbeiten zunächst die Karikatur „Total unpolitisch, die Jugend heute" **(Material 3)** und diskutieren drei dazugehörige Fragen. Anschließend sollen sie ihre Reflexionen auf ein Zitat eines Politikers anwenden, der Politik als Sache von Profis definiert. Kontrastiert wird dies mit einem Bild einer Fridays for Future-Demonstration **(Material 5)**. Auf dem Transparent dieser Demonstration wird ein „Wir-Sie Verhältnis" hergestellt, dass zeigt, wie Jugendliche versuchen, auf „erwachsene" PolitikerInnen Einfluss zu nehmen. Anhand dieses Bildes kann erstens herausgearbeitet werden, dass die Jugend keineswegs unpolitisch ist. Zweitens kann das ungleiche Verhältnis von (entscheidenden) erwachsenen PolitikerInnen zu Jugendlichen, die versuchen, Einfluss zu nehmen, bearbeitet werden.

---

1   Vgl. Krammer, Reinhard: Kompetenzen durch Politische Bildung. Ein Kompetenz-Strukturmodell, in: Forum Politische Bildung (Hrsg.): Informationen zur Politischen Bildung 29/2008, S. 9
2   Siehe dazu Kühberger, Christoph: Lernen mit Konzepten. Basiskonzepte in politischen und historischen Lernprozessen, in: Forum Politische Bildung (Hrsg.): Informationen zur Politischen Bildung 38/2016, S. 20–29.
3   Vgl. Rosenberger, Sieglinde/Stadlmair, Jeremias: Partizipation in Österreich, in: Bertelsmann Stiftung, Staatsministerium Baden-Württemberg (Hrsg.): Partizipation im Wandel. Unsere Demokratie zwischen Wählen, Mitmachen und Entscheiden. Gütersloh 2014, S. 454. Zur Geschichte der Neuen sozialen Bewegungen siehe auch Gottweis, Herbert: Politische Mobilisierung. BürgerInnenbewegungen und Ansätze zur Ausbildung neuer Organisationsformen von Politik in Österreich, in: Forum Politische Bildung (Hrsg.): Informationen zur Politischen Bildung 17/2000, S. 60–67.
4   Vgl. Rosenberger/Stadlmaier, Partizipation in Österreich, S. 456f.

KOPIERFÄHIGE ARBEITSBLÄTTER

MATERIAL 1

Die Jugendprotestbewegung Fridays for Future

Gemeinsam mit vielen Menschen in Europa und auf der ganzen Welt fordern wir das ein, was die einzig realistische Antwort auf die drohende Klimakatastrophe ist: eine mutige Umweltschutzpolitik in Übereinstimmung mit dem 1,5°C-Ziel des Pariser Klimaabkommens, sowie globale Klimagerechtigkeit! Dafür gehen wir in Österreich jeden Freitag als Teil der Bewegung #fridaysforfuture auf die Straße!

GRUNDSÄTZE VON FRIDAYS FOR FUTURE AUSTRIA

→ Wir sind eine von der Jugend ausgehende Bewegung, die alle Menschen anspricht und zusammenbringt.
→ Unser Ziel ist die Einhaltung des 1,5°C-Ziels des Pariser Klimaabkommens und globale Klimagerechtigkeit.
→ Wir verstehen uns als selbstorganisiert und parteiunabhängig. Alle Menschen, die mit unseren Zielen und Forderungen übereinstimmen, haben in unserer Bewegung Platz.
→ Lokal geben wir uns die Form, die jeweils den örtlichen Gegebenheiten entspricht.
→ Wichtig ist uns, dass wir auf allen Ebenen (lokal – national), in demokratischen, grundsätzlich transparenten und offenen Strukturen arbeiten.
→ Wir lassen uns nicht von Organisationen und Parteien vereinnahmen.
→ Wir sind eine gewaltfreie Bewegung.

Die 7 Grundsätze wurden im Rahmen des ersten österreichweiten Vernetzungstreffens am 13. April 2019 im Konsens mit allen vertretenen Regionalgruppen beschlossen und gelten für die einzelnen Gruppen sowie die österreichweite Zusammenarbeit.

WER SIND WIR?

Wir sind Schüler*innen, Lehrlinge, Studierende und (junge) Menschen aus verschiedenen Teilen Österreichs, die nicht mehr zusehen wollen, wie ihre Zukunft verspielt wird. Wir sind eine politische Druckbewegung, die Entscheidungsträger*innen auf allen Ebenen dazu auffordert, das Pariser Klimaabkommen einzuhalten. Wir organisieren uns dezentral in Regionalgruppen, vernetzen uns aber österreichweit und international.

WAS MACHEN WIR?

Fridays for Future ist ein friedvoller Protest nach dem Vorbild der 16-jährigen Schwedin Greta Thunberg, die jeden Freitag vor dem schwedischen Parlament streikt, statt in die Schule zu gehen. In Österreich gibt es neben den Klimastreiks in den verschiedenen Regionalgruppen unterschiedliche Formate. Wir wollen mit den Menschen ins Gespräch kommen, eine Plattform und einen Ort für Austausch schaffen und Zusammenarbeit ermöglichen. Wir veranstalten Workshops, binden Schulen und Universitäten vermehrt ein und zeigen Handlungsmöglichkeiten und Lösungen auf: für Individuen, Wirtschaft, Bildungseinrichtungen, Städte, Rechtsorgane, Medien und Politik – wir alle können zu einer lebenswerten Zukunft beitragen und gemeinsam können wir unsere Ziele erreichen!

WAS SIND UNSERE FORDERUNGEN?

„Wir fordern eine radikale Umweltschutzpolitik in Übereinstimmung mit dem 1,5°C-Ziel des Pariser Klimaabkommens und globale Klimagerechtigkeit!"
Zur Erreichung unserer Hauptforderung braucht es laut einem aktuellen Bericht des Weltklimarates IPCC „schnelle, weitreichende und beispiellose Veränderungen in allen Bereichen der Gesellschaft". Wir fordern die Entscheidungsträger*innen dazu auf, JETZT zu handeln, um eine lebenswerte Zukunft auf diesem Planeten für heutige und zukünftige Generationen sicher zu stellen.

Quelle: Fridays for Future Austria, www.fridaysforfuture.at

KOPIERFÄHIGE ARBEITSBLÄTTER

Arbeitsaufgabe Schreibt einzeln eure Gedanken zu der folgenden Frage auf das Plakat:
- Gruppe 1 + 2: Welche politischen Handlungsmöglichkeiten haben Kinder und Jugendliche, zum Beispiel bei der Umweltorganisation Fridays for Future?
- Gruppe 3 + 4: Wie könnt ihr durch Partizipationsmöglichkeiten Einfluss auf Politik und Gesellschaft und die Gestaltung eures Lebensumfeldes nehmen? Denkt dabei auch an Fridays for Future.
- Gruppe 5 + 6: Wie wichtig ist politische Partizipation in unserer Gesellschaft, und welche Möglichkeiten haben Jugendliche? Denkt dabei auch an Fridays for Future.

Antwortet und kommentiert euch dabei gegenseitig.
Tauscht eure unterschiedlichen Meinungen aus und argumentiert eure eigenen Positionen.
Während der Übung ist es wichtig, dass ihr nicht miteinander sprecht.
Nach 15 bis 20 Minuten Schreibdiskussion fasst jeweils eine Person aus der Gruppe eure gesammelten Gedanken kurz für eure MitschülerInnen mündlich zusammen.

Arbeitsaufgabe Lest den Text **(Material 1)**. Notiert euch dabei aufkommende Fragen und Dinge, die ihr besonders wichtig für das politische Handeln von Kindern und Jugendlichen findet.

Beantwortet nun in eurer Gruppe die nachfolgenden Fragen und präsentiert sie anschließend der Klasse:
- Was sind die Forderungen von Fridays for Future Austria?
- Welche Zielsetzungen werden beschrieben?
- Wie organisieren sich Fridays für Future Austria?
- Welche Aktionsformen werden genannt? Fallen euch noch andere Aktionen ein, die Fridays for Future organisieren?
- Handelt Fridays for Future politisch? Begründet eure Aussage.

KOPIERFÄHIGE ARBEITSBLÄTTER

Arbeitsaufgabe Stelle deinen MitschülerInnen die folgenden Fragestellungen. Vermerke alle Antworten mit „Ja" und notiere dir am Ende, wie viele Fragen mit „Ja" beantwortet wurden! Hast du schon einmal …

… ehrenamtlich, z.B. für den Umweltschutz, gearbeitet? … an einer Demonstration teilgenommen? … aufgrund deines Alters nicht politisch aktiv sein können? … bei einer KlassensprecherInnen-Wahl kandidiert? … eine Petition unterschrieben? … wegen der Umwelt bestimmte Dinge nicht gekauft? … wegen der Umwelt bestimmte Dinge gekauft? … deine Meinung online in einem Forum gepostet? … zu einem politischen Thema einen LeserInnenbrief verfasst? … bei einer Nationalratswahl gewählt? … ein Volksbegehren unterzeichnet? … Unterschriften für etwas gesammelt? … FreundInnen getroffen, um eure Anliegen gemeinsam zu formulieren? … ein Plakat gebastelt, um deine Meinung auszudrücken?

Erstellt nun eine grafische Übersicht zu den Umfrageergebnissen. Ihr könnt dies z.B. mithilfe eines Balkendiagrams wie dieses machen:

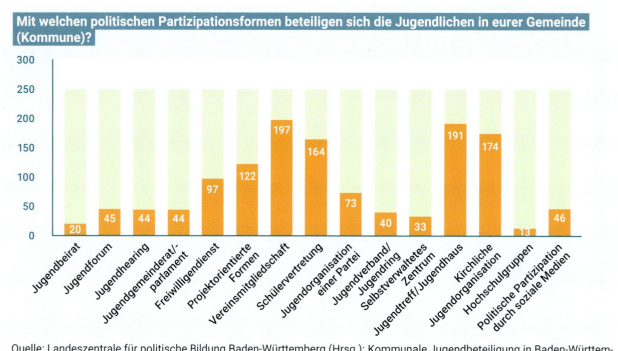

Quelle: Landeszentrale für politische Bildung Baden-Württemberg (Hrsg.): Kommunale Jugendbeteiligung in Baden-Württemberg 2015. Redaktion: Angelika Barth. Stuttgart 2016, S. 8.

Diskutiert im Anschluss gemeinsam die folgenden Fragen. Denkt dabei auch an eure Eindrücke, die ihr in den bisherigen Arbeitsaufgaben gewonnen habt:
→ Welche Partizipationsformen habt ihr in dieser Übung neu kennen gelernt?
→ Welche Partizipationsformen scheinen von Jugendlichen eurer Meinung nach eher weniger genutzt zu werden? Woran könnte das liegen? Denkt dabei z.B. auch an Fridays for Future!
→ Sind bestimmte der genannten Partizipationsformen besonders spannend für Kinder und Jugendliche? Wenn ja, woran könnte das liegen?
→ Welchen politischen Einfluss haben Jugendliche in der Gesellschaft? Sind sie in ihrem Einfluss eingeschränkt? Wovon?

KOPIERFÄHIGE ARBEITSBLÄTTER

Arbeitsaufgabe Schaut Euch die nachfolgenden Bilder mithilfe der Tipps zur Bildanalyse (Material 2) an und diskutiert in Kleingruppen folgende Fragen. Präsentiert eure Ergebnisse für die abschließende gemeinsame Diskussion in der Klasse!
- Soll ein bestimmter Eindruck vermittelt werden? Welcher?
- Wie empfinde ich die Szene? Welchen Eindruck vermittelt sie?

Schaut euch gemeinsam die nachfolgende Karikatur an (Material 3):
- Welche AkteurInnen erkennt ihr?
- Welche Positionen vertreten sie/könnten sie vertreten?
- Wie wird über Jugendliche gesprochen? Was könnte der Grund dafür sein?
- Trifft die Aussage der Erwachsenen zu?
- Wie kommen die Erwachsenen zu ihrer Einschätzung?

MATERIAL 2

Infobox Bildanalyse

Wie kann ich ein Bild/eine Karikatur kritisch analysieren? Sechs Fragen, die Euch dabei helfen können:
- Wer oder was ist abgebildet?
- Welche Handlungen, Tätigkeiten, Beziehungen sind erkennbar?
- Welche Bedeutung haben: Aussehen, Haltung, Gestik, Mimik der abgebildeten Personen?
- Soll ein bestimmter Eindruck vermittelt werden? Welcher?
- Wie empfinde ich die Szene? Welchen Eindruck vermittelt sie mir?
- Welche Informationen brauche ich noch, um das Bild/die Karikatur besser verstehen zu können?

Quelle: Bundeszentrale für politische Bildung (bpb): Methoden-Kiste. Bonn 2018, S. 15.

MATERIAL 3

Karikatur „Total unpolitisch, die Jugend heute"

© Gerhard Mester

KOPIERFÄHIGE ARBEITSBLÄTTER

MATERIAL 4

Zitat von Politiker Christian Lindner

Christian Lindner, Vorsitzender der Freien Demokratischen Partei (FDP) in der Bundesrepublik Deutschland, äußert sich zu den Fridays for Future-Protesten:

„Von Kindern und Jugendlichen kann man aber nicht erwarten, dass sie bereits alle globalen Zusammenhänge, das technisch Sinnvolle und das ökonomisch Machbare sehen. Das ist eine Sache für Profis."

Quelle: Christian Linder auf Twitter, @c_lindner

Arbeitsaufgabe Lest im nächsten Schritt das Zitat von Christian Lindner (Material 4)
→ Welches Bild hat Christian Lindner von Jugendlichen?
→ Könnt ihr seiner Aussage zustimmen? Ist Politik etwas für Profis?

MATERIAL 5

Aktion von Fridays for Future Austria

Quelle: Fridays for Future Austria

Arbeitsaufgabe Betrachtet nun das Bild der Fridays for Future-Aktion (Material 5)
→ Wie passt das Bild der Aktion von Fridays for Future zu dem Zitat von Christian Lindner? Wie passt es zu der Karikatur und der dort getroffenen Aussage der Erwachsenen, die Jugend sei heute total unpolitisch?
→ Wen meint Fridays for Future auf dem Transparent mit „Wir" und „Ihr"? Wie stehen „Wir" und „Ihr" im Verhältnis zueinander?
→ Haben Jugendliche und Erwachsene die gleichen Möglichkeiten, die Gesellschaft politisch zu gestalten?

Robert Hummer/Simon Mörwald

Umwelt im Abseits? Fußballstadion vs. Naturschutz

 ZIELGRUPPE/ALTER Sekundarstufe I, ab der 8. Schulstufe, 4. Klasse AHS/NMS/HS

 LEHRPLANBEZUG Modul 8: (Politische Bildung): Politische Mitbestimmung

 DAUER 2–3 Unterrichtseinheiten

 METHODISCH-DIDAKTISCHE EINFÜHRUNG

Basiskonzepte: Handlungsspielräume, Vielfalt, Lebens-/Naturraum

Kompetenzkonkretisierung: Politische Urteile hinsichtlich ihrer Qualität, Relevanz, Begründung und Auswirkung beurteilen; Eigene politische Urteile fällen und formulieren

Thematische Konkretisierung: Außerparlamentarische Formen der Mitbestimmung (z.B. Schuldemokratie und Schulpartnerschaft; Petitionen, Volksbegehren, -befragungen und -abstimmungen; betriebliche Mitbestimmung, Sozialpartnerschaft; Zivilgesellschaft, Nichtregierungsorganisationen) kennen, erklären und erproben

Kompetenzen: Politische Handlungskompetenz, Politische Urteilskompetenz

Erwerb von Teilkompetenzen

Die Arbeitsaufträge im ersten Baustein dienen dem Erwerb der Teilkompetenz „die Bindung von vorliegenden Urteilen an vorgegebene Interessen und Standorte erkennen" innerhalb der politischen Urteilskompetenz. Konkret geht es um die Fähigkeit zur Perspektivenübernahme, indem „bei politischen Problemen, Kontroversen und Konflikten die Standpunkte und Perspektiven unterschiedlich Betroffener wahrzunehmen und nachzuvollziehen" bzw. „kontroverse Positionen bei politischen Entscheidungsfindungen nach ihrer Abhängigkeit von vorgegebenen ökonomischen, sozialen, religiösen bzw. kulturellen Interessen zu befragen" sind.[1]

Dieser Zielsetzung liegt das didaktische Anliegen zugrunde, die Lernenden dabei zu unterstützen, eine politische Konfliktsituation analysieren zu lernen, um auf dieser Grundlage eigene Urteilsbildungen vornehmen zu können. Eine Situationsanalyse bemüht sich um eine möglichst genaue Erkenntnis der Faktoren, welche die politische Entscheidungssituation bestimmen. Dabei gilt es, insbesondere die an der Situation beteiligten AkteurInnen in den Blick zu nehmen und analytisch herauszuarbeiten, welche spezifischen Interessen und ideologischen bzw. weltanschaulichen Interpretationsmuster („Standorte") deren Urteile beeinflussen.[2]

Politische Urteile und ihre Auswirkungen beurteilen

Bei der Wahl des zu behandelnden Konfliktfeldes steht das didaktische Prinzip des „Lebensweltbezugs" im Vordergrund. Das Fallbeispiel steht exemplarisch für ein in der Realität häufig auftretendes Szenario, bei dem Lernende Sphären des Politischen begegnen: Es geht um ein geplantes Großbauprojekt, das auf Widerstand stößt, in diesem Fall um den Stadionbau in einem oberösterreichischen Naherholungsgebiet. Vergleichbare Fälle – Stichwort „Stuttgart 21"[3] o.Ä. – lassen sich auch anderswo laufend finden.

In Baustein 2 müssen die SchülerInnen „politische Urteile hinsichtlich ihrer Auswirkung beurteilen", indem sie eine „Beurteilung der Folgen und Auswirkungen politischer Entscheidungen und Urteile" vornehmen sowie „die durch politische Entscheidungen berücksichtigten und vernachlässigten Interessen erkennen, die jeweiligen Konsequenzen abschätzen und die getroffenen Entscheidungen danach bewerten."[4] Ziel dieses Unterfangens ist es, die SchülerInnen dabei zu unterstützen, die Fähigkeit zur Abschätzung von möglichen Folgen und Nebenfolgen politischer Entscheidungsoptionen zu erlernen bzw. zu trainieren.[5]

ZENTRALE FRAGESTELLUNGEN

- → Welche Interessen können beim Bau einer neuen Sportstätte aufeinanderprallen?
- → Welche Rolle spielt der „Standort" bei der politischen Urteilsbildung?
- → Wie können unterschiedliche Interessen bei der Lösung politischer Konflikte berücksichtigt werden?
- → Wie kann ich mich selbst in einem politischen Konflikt positionieren?

INHALTLICHE HINFÜHRUNG ZUM THEMA

Im Zentrum des Unterrichtsbeispiels steht exemplarisch ein aktueller regionalpolitischer Konflikt um den Bau eines Fußballstadions in einem Naherholungsgebiet, in dem sich ein Muster widerspiegelt, das in (umwelt)politischen Auseinandersetzungen zunehmend an Bedeutung gewinnt. Zentrale AkteurInnen des Konflikts sind einerseits der bekannte Fußballverein LASK (Linzer Athletik-Sport-Klub) mit seinem Vorhaben, ein neues Stadion nahe des Naherholungsgebiets Pichlinger See in Linz zu errichten, und andererseits die überparteiliche Bürgerinitiative „Rettet den Pichlinger See", die eben dieses Vorhaben verhindern will.

Konflikt um Bauvorhaben

Der Konflikt nahm 2018 mit der öffentlichen Verkündung der Baupläne seinen Ausgang. Daraufhin formierte sich die Bürgerinitiative, der es 2019 gelang, 8.348 gültige Unterschriften für das Anliegen vorzulegen, die notwendige Umwidmung des vorgesehenen Baugrundstücks einer Volksbefragung zu unterziehen. Diese Zahl überschritt die gesetzlich vorgeschriebene Marke (laut Statut für die Landeshauptstadt Linz, § 68, müssen mindestens 4% der auf kommunaler Ebene Wahlberechtigten unterschreiben). In Anbetracht des unsicheren Ausgangs der für Herbst 2019 geplanten Volksbefragung kam es bereits im Sommer desselben Jahres doch noch zu einer politischen Lösung des Konflikts, die den Stadionbau an einem anderen Standort (Areal des bestehenden städtischen Stadions auf der „Gugl") vorsieht, sodass das Naherholungsgebiet Pichlinger See in bestehender Form erhalten bleibt; die Volksbefragung wurde damit obsolet.

Konfliktmuster „Öko-Protest"

Protestpotential in der repräsentativen Demokratie

Im gewählten Fallbeispiel spiegelt sich ein politisches Konfliktmuster wider, das in repräsentativ-demokratischen Systemen seit den 1980er Jahren an Bedeutung gewonnen hat. Dieses Muster zeichnet sich dadurch aus, dass Entscheidungen, die auf repräsentativ-demokratischer Ebene getroffen wurden, von einer Protestbewegung aus der Zivilgesellschaft in Frage gestellt und aktiv angefochten werden. Konflikte dieser Art entzünden sich oftmals an größeren Infrastrukturvorhaben wie dem Bau von Straßen, Bahnhöfen, Kraftwerken oder größerer Sportstätten wie Fußballstadien. GegnerInnen derartiger Bauprojekte verweisen in ihrer Argumentation in der Regel auch auf Aspekte, die über ihre unmittelbaren Eigeninteressen hinausgehen – beispielsweise ökologische Belange.

Partizipatorische Protestdemokratie

Zivilgesellschaftliche Initiativen dieser Art sind Ausdruck einer partizipatorischen Protestdemokratie. Sie vertreten den Anspruch, den repräsentativ-demokratischen Willensbildungs- und Entscheidungsprozess zu kontrollieren und nötigenfalls zu revidieren. Damit verknüpfte neue Konfliktmuster lösen jene der traditionellen repräsentativen Demokratie nicht ab, sondern ergänzen und überlagern sie. Das führt zunehmend zu einem komplexen Nebeneinander unterschiedlicher Handlungsformen und institutioneller Arrangements, das Paul Nolte unter dem Begriff der „multiplen Demokratie" subsumiert.[6] Bedeutsam ist in diesem Zusammenhang die veränderte Rolle der Zivilgesellschaft, die nicht mehr in einem traditionellen Sinne zwischen Individuum und Staat vermittelt, sondern als Zusammenschluss von politisch aktiven Individuen den AkteurInnen und Institutionen repräsentativ-demokratischer Systeme politisch Paroli bietet.[7]

Stärkere Zivilgesellschaft

Konfliktorientierung und Kontroversität

Konfliktbearbeitung: Aufgabe der Politischen Bildung

Es ist eine der dringlichsten Aufgaben von Politischer Bildung, Entwicklungen dieser Art aufzugreifen und ins Zentrum von Lernarrangements zu stellen – nicht zuletzt vor dem Hintergrund eines immer wieder geforderten Lebensweltbezuges im Sinne von Denk- und Handlungsanforderungen, mit denen Lernende im Feld des Politischen konfrontiert sind.[8] Dessen Struktur ist prinzipiell von Konflikten und Kontroversen geprägt,[9] denen SchülerInnen in ihrem Alltag immer wieder begegnen und an denen sie zum Teil auch selbst partizipieren. Dementsprechend notwendig ist es, politische Lernprozesse an der kontroversen Struktur des Politischen auszurichten.[10]

Nur auf diesem Weg können SchülerInnen dabei unterstützt werden, kontroverse Standpunkte zu erfassen und zu bewerten, eigene Urteilsbildungen vorzunehmen und die nötigen Qualifikationen und Bereitschaften zu erwerben, um selbst an Konfliktlösungsprozessen zu partizipieren, wie es auch im österreichischen Kompetenz-Strukturmodell für Politische Bildung vorgesehen ist.[11]

Für das vorgeschlagene Unterrichtsbeispiel sind die politikdidaktischen Prinzipien der Kontroversität[12] und Konfliktorientierung[13] grundlegend. Darüber hinaus basiert die vorgenommene Akzentuierung auf den Formulierungen des Beutelsbacher Konsenses, dessen Grundsätze – Überwältigungsverbot, Kontroversitätsgebot sowie Adressaten- und Handlungsorientierung – unterrichtspraktische Handlungsmaximen für einen angemessenen Umgang mit politischen Kontroversen und Konflikten festhalten. Diese Grundsätze sind in Österreich auch im überarbeiteten Grundsatzerlass für Politische Bildung (2015) verankert.[14]

Von den drei Beutelsbacher Konsenssätzen ist im Kontext dieses Unterrichtsbeispiels insbesondere das Kontroversitätsgebot mit der viel zitierten Formulierung „Was in Wissenschaft und Politik kontrovers ist, muss auch im Unterricht kontrovers erscheinen" zentral, welche die didaktischen Konsequenzen aus der kontroversen Struktur des Politischen pointiert zum Ausdruck bringt.[15]

UNTERRICHTSABLAUF

Arbeit mit Zeitungsartikel

In Baustein 1 sollen die SchülerInnen zuerst einen Text bearbeiten, der den Kernkonflikt, nämlich die Debatte um den Bau eines neuen Fußballstadions in einem Naherholungsgebiet, sichtbar macht. In zahlreichen (ober-)österreichischen Medien sind zu diesem Thema Texte erschienen. Für diesen Baustein wird ein Artikel des Internet-Sportportals www.laola1.at angeboten, da sich die Sprachverwendung im Text sehr gut für die Sekundarstufe I eignet (Material 1). Die SchülerInnen sollen den Artikel zusammenfassen und den Kernkonflikt entlang dreier Fragen ermitteln. Für lernschwächere SchülerInnen wäre es im Zuge der inneren Differenzierung möglich, für die Ermittlung des Kernkonflikts mehrere Formulierungen zum Ankreuzen, also in einem geschlossenen Aufgabenformat, anzubieten. Nach der Besprechung der Ergebnisse im Plenum sollen nun unterschiedliche Urteile erkannt und zugeordnet werden.

Innere Differenzierung

Pro- und Kontra-Positionen herausarbeiten

Im nächsten Schritt werden die SchülerInnen mit verschiedenen Aussagen zum Konflikt auf Kärtchen (Material 2) konfrontiert. Alle Zitate sind diversen Zeitungen, offiziellen Statements, Internetseiten oder Chat-Foren entnommen. Diese Urteile sollen zuerst der jeweiligen Position – also Pro oder Kontra – und anschließend verschiedenen Rahmenthemen (z.B. „Umwelt", „Finanzen", …) zugeordnet werden. Die SchülerInnen müssen also erkennen, welche jeweilige Position argumentiert wird und worauf sich die Begründungen in den Argumenten beziehen. Wichtig ist, dass alle Argumente durchaus objektiv nachvollziehbar sind. Zum Zweck der inneren Differenzierung wäre es hier möglich, den lernstärkeren SchülerInnen die Kärtchen zu den Rahmenthemen nicht zur Verfügung zu stellen, sondern sie zu motivieren, selbst Kategorien zu erfinden. Die Ergebnisse werden in der Klasse verglichen, ehe es um die Zuordnung der Standortgebundenheit der politischen Urteile geht.

Innere Differenzierung

Standortgebundene Faktoren

Im letzten Schritt sollen die SchülerInnen in einem offenen Aufgabenformat feststellen, welche standortgebundenen Faktoren bzw. welche Standorte bei den Urteilen aus Material 2 eine Rolle spielen. Die Ergebnisse gilt es abermals im Klassenplenum zu vergleichen und zu diskutieren. Die SchülerInnen sollen dabei erkennen, dass kontroverse politische Urteile auf unterschiedlichen Standorten und Interessen beruhen.

Die Lernenden bekommen zu Beginn von **Baustein 2** vier Szenarien präsentiert (Material 5), die der „Lösung" des Konflikts dienen könnten. Sie können mithilfe von

Zuordnen und begründen

Material 6 nun zuordnen, wessen Interessen im jeweiligen Szenario berücksichtigt wurden, und diese Zuordnungen begründen. Die vorgenommenen Zuordnungen werden dann im Plenum verglichen und besprochen. Im nächsten Schritt müssen die SchülerInnen einen Leserbrief schreiben, in dem sie zu einem dieser Szenarien kritisch Stellung nehmen und ihre Position argumentativ begründen.[16] Am Ende steht ein Reflexionsprozess in Form einer Klassendiskussion. Im letzten Arbeitsauftrag wird auf die politische Handlungskompetenz abgezielt.

Leserbrief schreiben, Klassendiskussion

ZUSÄTZLICHE MATERIALIEN AUF www.politischebildung.com

Vorschläge für die innere Differenzierung von Arbeitsaufgaben für leistungsschwächere/leistungsstärkere SchülerInnen

→ Hilfestellung zu den Arbeitsaufgaben zu Material 2 und 3

→ Textbausteine zur Abfassung eines Leserbriefs

---

1 Krammer, Reinhard: Kompetenzen durch politische Bildung. Ein Kompetenz-Strukturmodell, in: Ammerer, Heinrich/Krammer, Reinhard/Tanzer, Ulrich: Politisches Lernen. Der Beitrag der Unterrichtsfächer zur politischen Bildung. Innsbruck 2010, S. 26f.
2 Vgl. Detjen, Joachim: Politikkompetenz Urteilsfähigkeit. Schwalbach/Ts. 2013, S. 41.
3 Eine gelungene unterrichtspraktische Thematisierung des Fallbeispiels „Stuttgart 21" findet sich beispielsweise bei: Ammerer, Heinrich: Wenn alle Politik machen: BürgerInnenbeteiligung am Beispiel „Stuttgart 21", in: Forum Politische Bildung (Hrsg.): Informationen zur Politischen Bildung 34/2011, S. 57–61.
4 Krammer, Kompetenzen durch politische Bildung, S. 27
5 Vgl. Sander, Wolfgang: Politik entdecken – Freiheit leben. Didaktische Grundlagen politischer Bildung. Schwalbach/Ts. 2008, S. 87–91.
6 Vgl. Nolte, Paul: Von der repräsentativen zur multiplen Demokratie, in: Aus Politik und Zeitgeschichte 1–2/2011, S. 9f.
7 Vgl. Nolte, Paul: Was ist Demokratie. Geschichte und Gegenwart. München 2012, S. 423f.
8 Vgl. Kühberger, Christoph: Kompetenzorientiertes historisches und politisches Lernen. Methodische und didaktische Annäherungen für Geschichte, Sozialkunde und Politische Bildung. Innsbruck–Wien–Bozen 2015, S. 129.
9 Vgl. Grammes, Tilman: Kontroversität, in: Sander, Wolfgang (Hrsg.): Handbuch politische Bildung. Schwalbach/Ts. 2005, S. 129.
10 Schließlich sollten in der Politischen Bildung Konflikte und damit verbundene Diskussionen nicht vermieden, sondern gezielt behandelt und bearbeitet werden. Vgl. Besand, Anja: Mit welcher Haltung machen wir unsere Arbeit? Drei Beobachtungen und vier Fragen an die politische Bildung „nach" Pegida, in: Frech, Siegfried/Richter, Dagmar (Hrsg.): Der Beutelsbacher Konsens. Bedeutung, Wirkung, Kontroversen. Schwalbach/Ts. 2017, S. 109.
11 Vgl. Krammer, Reinhard/Kühberger, Christoph/Windischbauer, Elfriede: Die durch politische Bildung zu erwerbenden Kompetenzen. Ein Kompetenz-Strukturmodell. Langfassung. Wien 2011.
12 Vgl. Sander, Politik entdecken – Freiheit leben, S. 196f.
13 Vgl. Reinhardt, Sibylle: Politik-Didaktik. Handbuch für die Sekundarstufe I und II. Berlin 2018, S. 79f.
14 Vgl. BMBF: Unterrichtsprinzip Politische Bildung. Grundsatzerlass 2015. Wien 2015, S. 4.
15 Vgl. Sander, Politik entdecken – Freiheit leben, S. 196.
16 Vgl. hierzu: Ammerer, Heinrich: Was kann, darf, soll ich tun? Erste Begegnungen mit konventionellem und unkonventionellem politischen Handeln. In: Forum Politische Bildung (Hrsg.): Informationen zur Politischen Bildung 38/2016, S. 30–42.

KOPIERFÄHIGE ARBEITSBLÄTTER

MATERIAL 1

Artikel auf der Website eines Sportportals

Widerstand gegen LASK-Stadion

Der geplante Stadion-Neubau des [Linzer Fußballvereins] LASK am Pichlinger See stößt auf Gegenwehr in der Bevölkerung. Die Bürgerinitiative „Rettet den Pichlinger See" will eine Volksbefragung erzwingen, die dazu notwendigen 6.100 Unterschriften werden ab sofort gesammelt. Die Initiative befürchtet, dass 200.000 Quadratmeter wertvolles Grünland aus dem Naherholungsgebiet und dem regionalen Naturraum „herausgeschnitten" und darauf ein Stadion für 16 Bundesligaspiele pro Jahr, aber auch für Events wie Konzerte gebaut werden soll.

Seit dem Frühjahr vergangenen Jahres ist publik, dass der Fußball-Bundesligist auf dem sogenannten Tagerfeld am südlichen Stadtrand ein neues Stadion errichten will. Es soll mit 16.500 Sitzplätzen für Länderspiele tauglich werden. Als Baubeginn für das auf 45 Millionen Euro geschätzte Projekt wurde der Frühsommer 2020 angedacht. […]

Schnell formierte sich Widerstand gegen die Bebauungspläne in einem Naherholungsgebiet. NEOS und Grüne wollten eine Bürgerbefragung, ob die Stadt die nötigen Umwidmungen vornehmen soll, um den Stadionbau prinzipiell zu ermöglichen. SPÖ, ÖVP und FPÖ haben einen entsprechenden Antrag abgelehnt. […]

Die Gegner sprechen von einem „Mammutprojekt" mit 20.000 Sitzplätzen, 3.500 Parkplätzen, Trainingsplätzen, Nebengebäuden und 50 Millionen Euro Baukosten. Zudem sei die Rede von einer eigenen Autobahnabfahrt um 20 bis 30 Millionen Euro von der öffentlichen Hand.

Die Bürgerinitiative will bis zum Sommer die 6.100 Unterschriften für eine Volksbefragung sammeln, damit sie im heurigen Herbst abgehalten werden kann. Als Frage wurde formuliert: „Soll die Stadt Linz den Pichlinger See und den umliegenden Grüngürtel weiterhin als unbebautes Naherholungsgebiet schützen und die Umwidmung für ein Stadion ablehnen?" […]

Quelle: www.laola1.at/de/red/fussball/bundesliga/news/bundesliga--widerstand-gegen-neues-lask-stadion/ (erschienen am 03.04.2019), 10.10.2019

Arbeitsaufgabe
- Lies den Artikel „Widerstand gegen LASK-Stadion" **(Material 1)**.
- Fass die Hauptaussagen des Textes schriftlich in wenigen Sätzen zusammen.
- Ermittle, worin der Kernkonflikt rund um den Stadionbau am Pichlinger See besteht. Geh dabei auf folgende Fragen ein: a. Was ist das Thema des Konflikts? b. Welche Interessen treffen aufeinander? c. Wer sind die Konfliktparteien?

Arbeitsaufgabe In der Diskussion um den Stadionneubau meldeten sich viele Menschen online oder in Printmedien zu Wort. Dabei wurden unterschiedlichste Interessen und Argumente sichtbar. Du bekommst nun solche Originalaussagen auf Kärtchen **(Material 2)** angeboten.
- Lies die Statements genau durch.
- Ordne sie nach PRO und KONTRA in zwei Spalten: In einer befinden sich Aussagen für, in der anderen Aussagen gegen einen Neubau.
- Du bekommst zusätzliche Kärtchen, die Rahmenthemen vorgeben. Ordne nun die PRO- und KONTRA-Aussagen diesen Themen zu.
- Analysiere, ob die Argumente beider Seiten nachvollziehbar sind oder ob etwa unzulässige Vereinfachungen oder Verallgemeinerungen stattfinden (z.B. ob wichtige Tatsachen unerwähnt bleiben oder nicht korrekt dargestellt werden, Aussagen aus dem Zusammenhang gerissen werden oder aus einem isolierten Einzelfall allgemeine Aussagen abgeleitet werden).

KOPIERFÄHIGE ARBEITSBLÄTTER

MATERIAL 2

Statements zum geplanten Stadionbau

PRO Stadionbau	KONTRA Stadionbau	Thema
Der Naturschutz ist uns ein großes Anliegen. Wir werden diesbezüglich in enger Abstimmung mit Stadt und Land bzw. den jeweiligen Behörden arbeiten. Selbstverständlich wird der LASK sämtliche einschlägige Auflagen erfüllen. *(Offizielles Statement des LASK)* Quelle: https://www.nachrichten.at/sport/fussball/lask/neues-stadion-der-lask-bezieht-stellung-zu-den-wichtigsten-fragen;art100,3087026	Grünräume sichern unsere Luft- und Lebensqualität. Wir verstehen nicht, warum in Zeiten der Klimaerhitzung 200.000m² (!) unserer städtischen „grünen Lungen" für ein Stadion mit tausenden Parkplätzen geopfert werden sollen. *(Statement der Bürger*inneninitiative „Rettet den Pichlinger See")* Quelle: https://www.rettet-den-Pichlinger See.at/#initiative	UMWELT
Das Projekt wurde näher an Autobahn und Bundesstraße gerückt, um den See zu entlasten. Es ist in diesem Sinne mit keinem Mehr an Emissionen zu rechnen. Derzeit ist es gängige Praxis, dass nur wenige Meter vom Seeufer entfernt geparkt wird. Sofern dies gewünscht ist, ist der LASK gerne bereit, den Badegästen an spielfreien Tagen zusätzliche Parkplätze zur Verfügung zu stellen. Dadurch könnte letztlich im Sinne einer autofreien Zone sogar eine Entlastung des Naherholungsgebiets erreicht werden. *(Offizielles Statement des LASK)* Quelle: https://www.nachrichten.at/sport/fussball/lask/neues-stadion-der-lask-bezieht-stellung-zu-den-wichtigsten-fragen;art100,3087026	Während andere Städte danach trachten, Sportstätten tunlichst ohne Auto erreichbar zu machen, will man in Linz eine Arena schaffen, die nur mit dem Pkw zu erreichen ist. Was zur Folge hat, dass für ein Fußballfeld weitere 27 Fußballfelder mitten im Ackerland für diese Zwecke versiegelt werden. *(Leserbrief von Ulrich A. in der Zeitung „Oberösterreichische Nachrichten")* Quelle: https://www.nachrichten.at/meinung/leserbriefe/Ohne-Auto-waere-die-neue-Arena-nicht-zu-erreichen;art11086,3082294	UMWELT
Das Stadion dorthin zu bauen, ist sehr gut für den LASK und Linz. Mit der Autobahn, den öffentlichen Verkehrsmitteln und der Bundesstraße hat man dort tolle infrastrukturelle Voraussetzungen. Eine super Lage! *(Dolfi Blutsch – ehemaliger Trainer des LASK)* Quelle: https://www.nachrichten.at/sport/fussball/lask/LASK-Stadionstandort-laesst-die-Wogen-hochgehen;art100,2841677	Es fehlt an dem geplanten Standort jede Anbindung an den öffentlichen Verkehr. Wie würden die Fans ins Stadion fahren? Mit dem Auto […] in einer einspurigen Kolonne ins Stadion und wieder zurück? Alles durch Gemeindegebiet? Der Stau würde sich von Linz hier her verlagern. Und das vermutlich nicht nur bei jedem Heimspiel, denn es wird also Nicht-Fußball-Veranstaltungen geben. Mag sein, dass der LASK ein eigenes Stadion braucht, der Standort am Pichlinger See ist definitiv der falsche dafür. *(Leserbrief von Mag. Wolfgang W. in der Zeitung „Oberösterreichische Nachrichten")* Quelle: https://www.nachrichten.at/meinung/leserbriefe/Falscher-Standort;art11086,3080452	VERKEHR
Ich kann diesem Standort sehr viel abgewinnen. Er ist verkehrstechnisch sehr gut angebunden und es gibt in unmittelbarer Nähe keine Wohnverbauung, so dass auch keine Nutzungskonflikte zu erwarten sind. *(Bernhard Baier – ÖVP-Vizebgm. der Stadt Linz)* Quelle: https://www.nachrichten.at/oberoesterreich/Nach-OOEN-Exklusivbericht-Alle-reden-ueber-neues-LASK-Stadion-in-Pichling;art4,2841909	In der Praxis würden so gut wie alle Fans mit ihrem PKW anreisen. Es geht um ein „Auto-Stadion" in einem Stadtteil, der schon jetzt unter Stau und Verkehrsüberlastung leidet. *(Statement der Bürger*inneninitiative „Rettet den Pichlinger See")* Quelle: https://www.rettet-den-Pichlinger See.at/#initiative	VERKEHR

KOPIERFÄHIGE ARBEITSBLÄTTER

MATERIAL 2

Statements zum geplanten Stadionbau

PRO Stadionbau	KONTRA Stadionbau	Thema
Wirtschaftlich ist dieses Stadion für den LASK überlebensnotwendig. [...] Wenn die Anbindung gut ist, ist der Standort zweitrangig. In Pichling passt das. Ein Stück außerhalb der Stadt ein Stadion zu bauen, ist im Fußball gang und gebe. *(Helmut Köglberger – „Jahrhundertspieler" des LASK)* Quelle: https://www.nachrichten.at/sport/fussball/lask/LASK-Stadionstandort-laesst-die-Wogenhochgehen;art100,2841677	Das Stadion kostet rund 60 Mio. €. 1/3 davon zahlen die LASK-Investoren. Den Rest soll der Steuerzahler finanzieren, obwohl bei Bildung, Gesundheit und Pflege gespart wird. Die Stadt müsste die laufenden Kosten von Straßen, öffentl. Verkehr, Kanal, Strom und Sauberkeit stemmen. Der Pichlinger See ist also langfristig auch der teuerste Standort. *(Statement der Bürger*inneninitiative „Rettet den Pichlinger See")* Quelle: https://www.rettet-den-Pichlinger See.at/#initiative	WIRTSCHAFT
Ein modernes Stadion ist für die Entwicklung eines wettbewerbsfähigen Fußballklubs [...] unabdingbar. Als bestes Beispiel dient in diesem Zusammenhang der Stadion-Neubau des SK Rapid Wien. Hier konnte der Umsatz aus dem VIP-Klub von einer halben Million auf 7,5 Millionen Euro erhöht werden. Diese Einnahmen sind für einen konkurrenzfähigen Spielbetrieb unabdingbar. *(Offizielles Statement des LASK)* Quelle: https://www.nachrichten.at/sport/fussball/lask/neues-stadion-der-lask-bezieht-stellung-zu-den-wichtigsten-fragen;art100,3087026	45 Millionen Euro für ein Fußballstadion des LASK ist ein Schlag ins Gesicht aller, die im Sozial- und Ausbildungssystem, in der Forschung, in der Altenbetreuung etc. einem Sparzwang unterworfen sind. Das [bereits bestehende] Stadion auf der Gugl in Linz, zuletzt um Millionen renoviert, müsste reichen. *(Leserbrief von Wolfgang F. in der Zeitung „Oberösterreichische Nachrichten")* Quelle: https://www.nachrichten.at/meinung/leserbriefe/Stadionwahnsinn;art11086,2842962	WIRTSCHAFT
Ich habe von 2004 bis 2015 dreißig Meter hinter dem [damaligen] Stadion gewohnt. [...] In dieser Zeit waren viele Events: LASK, Blau-Weiß Linz, Konzerte, [...] der Linz Marathon. Es ist Anwohner*innen nie etwas passiert. Es geht alles gut. *(Facebook-Posting)* Quelle: https://www.facebook.com/Pichlinger See/?__tn__=%2Cd%2CP-R&eid=ARD0sB-n4juMBHhDDjzQerYARMJowalm6dvNtnZKifU-Y0kgRXLUncuFAZjJ2hQV_NAEB-YiTLe2Qa1C [leicht verändert]	[Ein LASK-Fan wurde nach einem Spiel verprügelt, so dass er ins Spital musste:] Klingt grauenhaft. Gute Besserung dem LASK-Fan. Aber jetzt stellt euch einmal vor, ihr badet und entspannt gemütlich am See und am Weg zum Auto passiert euch das? Womöglich mit Familie? Passt das ins Naherholungsgebiet? *(Facebook-Posting von User Markus S.)* Quelle: https://www.facebook.com/Pichlinger See/?__tn__=%2Cd%2CP-R&eid=ARD0sB-n4juMBHhDDjzQerYARMJowalm6dvNtnZKifU-Y0kgRXLUncuFAZjJ2hQV_NAEB-YiTLe2Qa1C	SICHERHEIT
Oberösterreich braucht ein solches „Landesstadion", um auch im Vergleich zu den anderen Bundesländern nicht zurückzufallen. Es wird niemanden geben, der es gutheißt, wenn in Zukunft mangels geeigneten Stadions kein einziges Spiel der Nationalmannschaft mehr in Oberösterreich stattfinden kann. *(Offizielles Statement des LASK)* Quelle:https://www.nachrichten.at/sport/fussball/lask/neues-stadion-der-lask-bezieht-stellung-zu-den-wichtigsten-fragen;art100,3087026	Für was braucht ein österreichischer Fußballklub überhaupt ein Stadion mit 20.000 Zusehern? Für diese Bierliga würde es ein Waldstadion mit Paletten als Tribüne auch tun. *(User „Fuergerechtigkeit" im Kommentarforum der Zeitung „Oberösterreichische Nachrichten)* Quelle: https://www.nachrichten.at/oberoesterreich/lask-stadion-auf-hochwertigen-boeden-bedenken-in-naturschutz-abteilung;art4,3130039#kommentarArt__outer	IMAGE

KOPIERFÄHIGE ARBEITSBLÄTTER

MATERIAL 3

Infobox: Standortgebundenheit von politischen Urteilen

Der Begriff „Standortgebundenheit" bringt zum Ausdruck, dass die Art und Weise, wie Politik wahrgenommen, eingeschätzt und beurteilt wird, ein Stück weit vom eigenen „Standort" abhängt. Dieser prägt stets die politische Sichtweise.

Der jeweilige „Standort" ist von Mensch zu Mensch unterschiedlich, kann sich im Laufe des Lebens verändern und hängt von unterschiedlichen Einflüssen ab (z.B. Alter, Geschlecht, Interessen, Einkommen, Bildung oder kultureller Hintergrund).

Arbeitsaufgabe
→ Lies die Infobox (Material 3) „Standortgebundenheit von politischen Urteilen".
→ Arbeite aus den Statements in Material 2 heraus, welche standortgebundenen Faktoren eine Rolle spielen.

MATERIAL 4

Infobox: Volksbefragung zum Stadionbau

Der Konflikt um den Stadionbau in Linz nimmt folgende weitere Entwicklung:
Die Bürgerinitiative „Rettet den Pichlinger See" gibt bekannt, die Einleitung einer Volksbefragung zur Frage des Stadionbaus am Pichlinger See anzustreben. Dafür ist es erforderlich, die Unterschriften von 4 % der wahlberechtigten Bevölkerung der Stadt Linz zu sammeln (= 6.100 Unterschriften). Gültigkeit haben dabei ausschließlich Unterschriften von Personen, die auf kommunaler Ebene wahlberechtigt sind, also ihren Hauptwohnsitz in Linz haben, das 16. Lebensjahr vollendet haben und österreichische StaatsbürgerInnen oder BürgerInnen eines anderen EU-Staates sind.

Der Bürgerinitiative gelingt es, 8.348 gültige Unterschriften vorzulegen. Damit ist die Stadt Linz verpflichtet, eine Volksbefragung zur Frage „Soll die Stadt den Pichlinger See und den umliegenden Grüngürtel weiterhin als unbebautes Naherholungsgebiet schützen und die Umwidmung für ein Stadion ablehnen?" durchzuführen.

Arbeitsaufgabe
→ Lies die Texte in Material 4 und 5.
→ Bei jedem dieser Szenarien wurden Entscheidungen getroffen, bei denen die Interessen von Einzelpersonen und Gruppen in unterschiedlichem Ausmaß berücksichtigt bzw. vernachlässigt wurden. Analysiere, welche Interessen im jeweiligen Szenario eher berücksichtigt, welche eher vernachlässigt wurden. Kreuze Optionen in den Tabellen (Material 6) an und begründe deine Wahl.
→ Beurteilt in Zweiergruppen nun abschließend die vier Szenarien und die ihnen zugrundeliegenden Konfliktlösungsansätze.
→ Filtert dann den eurer Meinung nach schlechtesten Lösungsansatz heraus (Szenario I, II oder III, zumal der Konflikt bei Szenario IV ungelöst bleibt). Angenommen, dieses (schlechteste) Szenario gelangt zur Umsetzung: Beurteilt diesen Ansatz im Rahmen eines kritischen Leserbriefs (250 Wörter). Legt dabei ein besonderes Augenmerk auf die demokratie- und umweltpolitischen Konsequenzen, die sich aus diesem Ansatz ergeben.

KOPIERFÄHIGE ARBEITSBLÄTTER

MATERIAL 5

Szenarien zur Lösung des Konflikts

Szenario I	**Direkt-demokratischer Mehrheitsentscheid**
	Auch wenn das Ergebnis einer Volksbefragung nicht bindend ist, einigen sich alle Konfliktparteien darauf, das dabei zustande kommende Ergebnis zu respektieren und dem Volk die Entscheidung zu überlassen. Entscheidet sich eine – noch so knappe – Mehrheit für den Schutz des Naherholungsgebietes, wird es zu keiner Umwidmung des Grundstücks kommen. Stimmt eine – noch so knappe – Mehrheit dagegen, wird es hingegen zu einer Umwidmung kommen, und das LASK-Stadion kann wie geplant gebaut werden.
Szenario II	**Kompromisslösung umweltfreundlicheres Stadion**
	Die Konfliktparteien einigen sich auf einen Kompromiss, weshalb die Bürgerinitiative ihren Antrag zurückzieht und die Volksabstimmung abgesagt wird. Die Kompromisslösung sieht vor, am geplanten Standort festzuhalten – doch soll das Stadion deutlich kleiner werden, weniger Lärm verursachen, eine Holzfassade bekommen, klimaneutral und umweltfreundlich sein und mit Bio-Catering versorgt werden. Es kommt zu einer Umwidmung des Grundstücks und das LASK-Stadion kann – wenn auch in anderer Form als ursprünglich geplant – gebaut werden.
Szenario III	**Kompromisslösung Stadionbau an anderem Standort**
	Die Konfliktparteien einigen sich auf einen Kompromiss, weshalb die Bürgerinitiative ihren Antrag zurückzieht und die Volksabstimmung abgesagt wird. Die Kompromisslösung sieht vor, dass das Stadion mit Hilfe von öffentlichen Geldern an einem anderen Standort gebaut wird. Das Grundstück wird nicht umgewidmet und das Naherholungsgebiet bleibt erhalten. Zudem sollen auch öffentliche Gelder für den Bau von Sportstätten für andere Vereine (z.B. FC Blau-Weiß Linz) zur Verfügung gestellt werden. Das LASK-Stadion kann – wenn auch an einem anderen Ort, gegen den es keine Naturschutz-Bedenken gibt – gebaut werden.
Szenario IV	**Aufschub der Entscheidung**
	Die Konfliktparteien können sich auf keinen Kompromiss einigen, weshalb der Fußballklub LASK droht, Linz zu verlassen und in die Stadt Wels abzuwandern. Aufgebrachte Fußballfans zerstören daraufhin das Büro der Bürgerinitiative, der sie die Schuld an der drohenden Abwanderung ihres Klubs geben. Um die Lage zu beruhigen, einigen sich die Konfliktparteien darauf, die Volksabstimmung abzusagen und von einer Umwidmung des Grundstücks vorerst Abstand zu nehmen. Damit liegt das Stadionprojekt auf Eis, der LASK muss weiterhin in seinem alten Stadion spielen. Die einzelnen randalierenden Fußballfans müssen die Konsequenzen für ihre Vergehen natürlich selbst tragen und werden angezeigt.

Arbeitsaufgabe Bereite dich auf eine Klassendiskussion über das Thema vor.
- → Argumentiere deinen eigenen Standpunkt zum Thema. Welche Seite würdest du unterstützen und warum?
- → Diskutiere, ob überhaupt eine „richtige" Lösung des Konfliktes möglich ist oder ob nur teilweise auf alle standortgebunden Interessen eingegangen werden kann.
- → Diskutiere Vor- und Nachteile weiterer Möglichkeiten, wie du deine Interessen – abgesehen von einem Leserbrief – noch öffentlich thematisieren könntest, um weitere UnterstützerInnen deines Anliegens zu finden.

KOPIERFÄHIGE ARBEITSBLÄTTER

MATERIAL 6

Zuordnung der Berücksichtigung von Interessen

INTERESSENSGRUPPE: AnwohnerInnen Pichlinger See

Interessen	eher berücksichtigt	eher vernachlässigt	Begründung
Szenario I			
Szenario II			
Szenario III			
Szenario IV			

INTERESSENSGRUPPE: Fußballklub LASK und seine UnterstützerInnen

Interessen	eher berücksichtigt	eher vernachlässigt	Begründung
Szenario I			
Szenario II			
Szenario III			
Szenario IV			

INTERESSENSGRUPPE: UmweltschützerInnen

Interessen	eher berücksichtigt	eher vernachlässigt	Begründung
Szenario I			
Szenario II			
Szenario III			
Szenario IV			

INTERESSENSGRUPPE: andere Sportvereine und ihre UnterstützerInnen

Interessen	eher berücksichtigt	eher vernachlässigt	Begründung
Szenario I			
Szenario II			
Szenario III			
Szenario IV			

INTERESSENSGRUPPE: alle BürgerInnen von Linz

Interessen	eher berücksichtigt	eher vernachlässigt	Begründung
Szenario I			
Szenario II			
Szenario III			
Szenario IV			

Beatrix Oberndorfer

Climate Emergency – Die Klimanotstandsdebatte in politischer Wirklichkeit und Simulation

ZIELGRUPPE/ALTER Sekundarstufe I, ab der 8. Schulstufe, 4. Klasse AHS/NMS/HS

LEHRPLANBEZUG Modul 8 (Politische Bildung): Politische Mitbestimmung

DAUER 2–3 Unterrichtseinheiten

METHODISCH-DIDAKTISCHE EINFÜHRUNG

Politische Urteilskompetenz

Die Unterrichtsbausteine verfolgen das Ziel, SchülerInnen der 4. Klasse Möglichkeiten der politischen Mitbestimmung und den Umgang mit politischen Urteilen näherzubringen. Ausgerichtet an den Maßgaben des österreichischen Kompetenzmodells zur Politischen Bildung[1] lernen sie, sowohl an realen politischen Manifestationen als auch in der Simulation, politische Urteile auf ihre Qualität und Begründung hin zu untersuchen und sich selbst begründet zu positionieren. Angelehnt an die Methode der Fallanalyse nach Politdidaktikerin Sibylle Reinhardt[2] bahnt eine Simulation politische Handlungskompetenz an. Die SchülerInnen sollen Meinungen, Urteile und Interessen artikulieren und vertreten sowie demokratische Mittel zur Durchsetzung eigener Anliegen in einer Probehandlung anwenden.

Politische Handlungskompetenz

Basiskonzepte: Handlungsspielräume, Lebens-/Naturraum
Thematisch beziehen sich die Unterrichtsbausteine auf die aktuelle Diskussion um den Klimanotstand, der international in zunehmender Häufigkeit konstatiert wird. Die didaktische Konzeption erlaubt damit auch eine Weiterentwicklung der politischen Sachkompetenz, insbesondere der politischen Konzepte Handlungsspielräume sowie Lebens-/Naturraum.

ZENTRALE FRAGESTELLUNGEN

→ Was bedeutet Klimanotstand im (sozio-)politischen Kontext?
→ Welche Auswirkungen hat die Ausrufung des Klimanotstands auf den Staat und seine BürgerInnen?
→ Welche Haltungen und Interessen beeinflussen die Klimaschutzdebatte?

Climate Emergency – Die Klimanotstandsdebatte in politischer Wirklichkeit und Simulation

INHALTLICHE HINFÜHRUNG ZUM THEMA

Im September 2019 stimmten vier von fünf im österreichischen Nationalrat vertretenen Parteien auf Basis eines Entschließungsantrags für die Postulierung des *Climate Emergency* in Österreich. Dahinter steht das Bestreben, Klimaschutz zu einem der wichtigsten politischen Ziele zu erheben; politische Entscheidungen sollen in Zukunft auf ihre klimatischen Auswirkungen überprüft und wenn nötig modifiziert werden.

Interessenskonflikt Klimaschutz

Die Ausrufung des Klimanotstandes ist gegenwärtig – nur oder zumindest – ein symbolischer Akt, ein politisches Commitment zum Klimaschutz. Anschließend an dieses Bekenntnis wies die öffentliche Berichterstattung umgehend darauf hin, dass die Begrifflichkeit „Klimanotstand" durch den gewählten Anglizismus bewusst umgangen worden sei.[3] Ob dahinter ein Zugeständnis an die KlimaskeptikerInnen steht, die allerorten das Schüren von „Klimapanik" wittern, kann nur vermutet werden. Dass in die Debatte rund um die menschengemachte Veränderung des Klimas unterschiedliche Interessen verstrickt sind, ist allerdings klar feststellbar.

Klimawandel im Unterricht verankern

Eine Fülle an Werthaltungen, Meinungen, Fakten und auch postfaktischen Ansätzen (Verschwörungstheorien) zum Klimawandel macht die politische Urteilsfindung zunehmend schwierig. Deshalb scheint es notwendig, Klimaschutz auch zu einem Kernanliegen des politischen Unterrichts zu machen, um SchülerInnen Strategien an die Hand zu geben, die sie befähigen, mit politischen Urteilen so umzugehen, dass sie sich ein eigenständiges, fundiertes Bild machen können.

Der Pädagoge Joachim Kahlert verweist in diesem Zusammenhang darauf, dass Umweltbildung nicht „der Herbeiführung eines Verhaltens" – im Sinne dessen, SchülerInnen zu klimaschützendem Verhalten zu bewegen –, sondern der „Befähigung zu einem Verhalten" sowie zur „aufgeklärten Teilhabe an der ‚ökologischen Kommunikation'" dienen solle.[4] Diesen Ansatz versuchen die folgenden Unterrichtsbausteine umzusetzen.

UNTERRICHTSABLAUF

Argumente = Teilurteile

Baustein 1 konfrontiert die SchülerInnen mit dem Entschließungsantrag des Nationalrats **(Material 1)**, der die Ausrufung des *Climate Emergency* in Österreich bewirkt hat. Dieses politische Urteil soll den SchülerInnen einerseits einen Einblick in realpolitische Urteilsfindung verschaffen und sie andererseits dazu auffordern, es in drei Anforderungsbereichen (Reproduktion – Reorganisation – Reflexion) zu durchdringen. Ein politisches Urteil zu treffen heißt im Grunde nichts anderes, als einen politischen Vorgang oder Zustand zu bewerten[5], also auf Basis von Argumenten Stellung zu beziehen. Diese Argumente, auch Teilurteile genannt, zu erkennen und auf ihre Begründung zu hinterfragen, ist ein wesentlicher Schritt im Erwerb politischer Urteilskompetenz.

Textbearbeitung Analyse Reflexion

Sprachlich könnte der Entschließungsantrag möglicherweise herausfordernd sein, deshalb bietet es sich an, die Textgrundlage im Plenum vorzubesprechen und dazu auch die bereitgestellten Hintergrundinformationen **(Material 2)** heranzuziehen. Schließlich ist es notwendig, die SchülerInnen mit den Rahmenbedingungen des Klimanotstandes vertraut zu machen, um anschließend Analyse und Reflexion zu ermöglichen.

Baustein 2 transferiert die Debatte um den Klimanotstand von der Ebene der politischen Urteilskompetenz in den Bereich der politischen Handlungskompetenz. Auf Basis der in Baustein 1 gewonnenen Einblicke in die Thematik simulieren die SchülerInnen das Fallbeispiel „Klimanotstand in Krisenkirchen?!"[6]

Rollenspiel

Anhand verschiedener Diskussionskarten („Tischkarten", Material 3) sollen die verschiedenen Interessen, die im Bereich des Klimaschutzes aufeinandertreffen, erkannt und auf ihre Relevanz betreffend der politischen Urteilsfindung überprüft werden (Kompetenzbereich der Feststellung von Interessen- und Standortgebundenheit). Dazu wird die Klasse in fünf Gruppen aufgeteilt. Jede Gruppe erhält eine Tischkarte mit fünf verschiedenen Positionen. Die SchülerInnen nehmen je eine Rolle ein, besprechen die darin vertretenen Meinungen, Interessen und Urteile in der Tischgesellschaft, diskutieren deren Begründung sowie Bedeutsamkeit und finden mithilfe eines unterstützenden Arbeitsblattes („Positionspapier", Material 4) zu einem gemeinsamen Urteil. Dieses soll anschließend in der Klasse vorgetragen und verteidigt werden („Gemeinderatssitzung"). Hier bahnen die SchülerInnen politische Handlungskompetenz an, indem sie für gemeinsame Interessen eintreten und Entscheidungen nach dem Abwägen verschiedener Standpunkte treffen.

Praxis und Reflexion

Zuletzt erstellt jede Tischgruppe eine politische Manifestation in Form einer Empfehlung. Die SchülerInnen simulieren damit die Anwendung demokratischer Mittel zur Durchsetzung politischer Anliegen – also politische Partizipation. Diese Empfehlung an die fiktive Entscheidungsträgerin des Fallbeispiels kann der Lehrperson – hinsichtlich der begründeten Argumentation des darin gefällten Urteils – als Beurteilungsgrundlage für die Unterrichtseinheit dienen. Darüber hinaus empfiehlt es sich, das Simulationsspiel mit den SchülerInnen nachzubesprechen. Dabei könnte einerseits der Wirklichkeitsbezug der fiktiven Situation zur Sprache gebracht werden, andererseits sollten die SchülerInnen, u.a. zu ihrer eigenen Entlastung, auch die Erfahrungen in den jeweiligen Rollen als GemeindebewohnerInnen reflektieren dürfen.

ZUSÄTZLICHE MATERIALIEN AUF www.politischebildung.com

Weitere Unterlagen zum Simulationsspiel „Soll in Krisenkirchen der Klimanotstand ausgerufen werden?":

→ zusätzliche Tischkarten zu Material 3
→ ergänzende Arbeitsaufgaben für SchülerInnen
→ Positionspapier Material 4

---

1 Krammer, Reinhard et al.: Die durch politische Bildung zu erwerbenden Kompetenzen. Ein Kompetenz-Strukturmodell. Online unter https://bildung.bmbwf.gv.at/schulen/unterricht/ba/glv_kompetenzmodell_23415.pdf, 25.10.2019.
2 Reinhardt, Sibylle: Politikdidaktik. Handbuch für die Sekundarstufe I und II. Berlin[7]2018, S. 130ff.
3 Der Standard: Österreich hat den Klimanotstand ausgerufen, 26.09.2019. Online unter www.derstandard.at/story/2000109125168/oesterreich-hat-den-klimanotstand-ausgerufen, 10.10.2019.
4 Kahlert, Joachim: Umweltbildung, in: Sander, Wolfgang (Hrsg.): Handbuch politische Bildung. Schwalbach/Ts.: [3]2005, S. 434.
5 Ammerer, Heinrich: Warum denke ich, was ich denke? Politische Teilurteile sichtbar machen und bewerten, in: Forum Politische Bildung (Hrsg.): Informationen zur Politischen Bildung 29/2008, S. 15.
6 Das Fallbeispiel ist an eine Reportage des Radiosenders FM4 von Lukas Tagwerker über die erste österreichische Gemeinde im Klimanotstand, Michaelerberg-Pruggern, angelehnt. Die Angaben wurden namentlich wie inhaltlich verändert. Online unter https://fm4.orf.at/stories/2987081/, 05.08.2019.

KOPIERFÄHIGE ARBEITSBLÄTTER

MATERIAL 1

Entschließungsantrag betreffend Erklärung des Climate Emergency

Begründung

Seit mehreren Monaten demonstrieren zehntausende Menschen österreichweit im Rahmen der Fridays For Future-Bewegung. Sie fordern, dass der Nationalrat und die Bundesregierung, die Bundesländer, die Städte und die Gemeinden sofort, effizient und konsequent handeln, damit die drohende Klimakatastrophe abgewendet werden kann. Es geht um unsere Zukunft und die Lebensmöglichkeiten zukünftiger Generationen, denn die Klimakrise ist ein Wirtschafts-, Sicherheits-, Menschenrechts-, Artenschutz- und Friedensproblem. […]

Tatsächlich ist die Klimakrise auch längst in Österreich angekommen. Die vergangenen vier Jahre waren die wärmsten seit Beginn der Aufzeichnungen. Die von der letzten Bundesregierung erfolgreich ins Leben gerufene Plattform „oesterreich.gv.at" benennt die mit dem fortlaufenden Temperaturanstieg verbundenen Folgen in der Alpenregion: wachsende Intensität und Frequenz von Niederschlägen, mehr Hagel, aber auch mehr Dürreperioden, Verringerung des Bodenwassergehalts, Hochwasser, Murenabgänge, Gletscherrückgang und Schädlingsinvasionen. Mit am stärksten betroffen sind daher Land- und Forstwirtschaft, doch auch die Wasserversorgung gerät unter Druck. Für die Menschen steigen die gesundheitlichen Risiken sowohl direkt durch die Hitze als auch aufgrund der damit steigenden Verbreitung von Krankheitserregern. Österreich hat also allen Grund, auch hierzulande den Climate Emergency auszurufen. Dabei geht es nicht um eine juristische Grundlage für Notstandsmaßnahmen, sondern um ein starkes politisches Signal eines neuerlichen Upgrades in der Klima- und Umweltpolitik hin zur umfassenden Vorreiterrolle. […] Hier obliegt es den politischen Verantwortlichen, die gesetzlichen Rahmenbedingungen zu schaffen, um allen politischen Ebenen die Umsetzung der Ziele des Pariser Klimaabkommens zu ermöglichen. […]

Die Bundesregierung wird aufgefordert,

- den Climate Emergency zu erklären und damit die Eindämmung der Klima- und Umweltkrise und ihrer schwerwiegenden Folgen als Aufgabe höchster Priorität anzuerkennen. […]
- bei zukünftigen Entscheidungen auch stets die Auswirkungen auf das Klima und den Klimaschutz feststellen zu lassen, transparent und nachvollziehbar darzustellen und zu berücksichtigen. […]
- die österreichische Bevölkerung über alle öffentlichen Kanäle umfassend und beständig über die Klima- und Umweltkrise, ihre Ursachen und Auswirkungen sowie über die Maßnahmen, welche gegen diese ergriffen werden, zu informieren. […]

Quellen: www.oesterreich.gv.at, www.parlament.gv.at

Arbeitsaufgabe
→ Benenne, was der Entschließungsantrag konkret von der Bundesregierung fordert.
→ Stell fest, welche Hauptargumente dem Entschließungsantrag zugrunde liegen:
- Der Klimawandel ist kein Grund für Demonstrationen (wie bei Fridays for Future).
- Der Klimawandel wirkt sich in Österreich nachweislich auf die Umwelt und die Menschen aus.
- Der Klimawandel ist ein globales Problem und kann in Österreich nicht gelöst werden.
- Der Klimawandel muss durch politische Rahmenbedingungen (Gesetze etc.) bekämpft werden.
- Der Klimawandel ist ein Problem, das allerdings nicht von den Menschen verursacht wird.

→ Arbeite heraus, wie der Entschließungsantrag seine Forderungen begründet. Unterstreiche die Begründungen im Text.
→ Nimm begründet Stellung zur Zielsetzung des Entschließungsantrags. Hättest du als Abgeordnete/r die Ausrufung des *Climate Emergency* unterstützt?

Infobox: Zentrale Begriffe der Klimapolitik

Klimawandel

Als Klimawandel bezeichnet man die überdurchschnittlich schnelle globale Erwärmung, die hauptsächlich dadurch hervorgerufen wird, dass schädliche Treibhausgase (u.a. Kohlendioxid/CO_2) in die Atmosphäre gelangen und dort zu einer Veränderung des Strahlungshaushaltes der Sonne beitragen. Klimatische Veränderungen sind auf der Erde seit jeher ein ganz natürliches Phänomen (z.B. Eiszeiten); etwa seit dem 19. Jahrhundert aber trägt der Mensch durch den erhöhten Ausstoß von Treibhausgasen (z.B. durch die Industrie, den Verkehr, den hohen Energieverbrauch) wissenschaftlich mess- und nachweisbar negativ zu diesen Veränderungen bei (siehe auch Grafik „Wie der Mensch das Klima verändert", S. 4).

Klimaziele

Seit die Politik den Klimawandel als menschengemacht erkannt hat, arbeitet man an Klimazielen, die die einzelnen Staaten erreichen sollen, um die globale Erwärmung nicht weiter anzuheizen. Im sogenannten Kyoto-Protokoll wurden Vereinbarungen getroffen, die festlegen, wie hoch der Ausstoß von Treibhausgasen in Industrieländern sein darf. Daneben gibt es jährlich von den Vereinten Nationen abgehaltene Klimagipfel, auf denen sich die UN-Staaten auf Maßnahmen zum Schutz des Klimas zu einigen versuchen. Auf der UN-Klimakonferenz von Paris im Jahr 2015 beschlossen die Mitgliedsstaaten das „Abkommen von Paris", das vorsieht, die globale Erderwärmung auf deutlich unter zwei Grad Celsius zu senken. Das Problem hierbei ist, dass die Erreichung der Klimaziele durch die einzelnen Staaten auf Freiwilligkeit beruht und somit häufig wirtschaftliche oder dem Klimaschutz zuwiderlaufende gesellschaftspolitische Interessen als kurzfristig wichtiger wahrgenommen werden, das Erreichen der Klimaziele jedoch aufgeschoben wird.

Klimanotstand *(Climate Emergency)*

Weltweit haben bereits einige Städte und sogar ganze Staaten den Klimanotstand ausgerufen (z.B. Australien, Irland und Frankreich). Dieser Zustand hat auf politischer und rechtlicher Ebene keine unmittelbaren Konsequenzen, er soll aber symbolisch aufzeigen, dass die Bekämpfung des Klimawandels eines der wichtigsten Ziele im Staat ist und zukünftige politische Entscheidungen immer auch mit Blick auf den Klimaschutz getroffen werden sollen. Häufig wird der Klimanotstand von PolitikerInnen ausgerufen, weil vorab von den BürgerInnen des Staates weitgehende Maßnahmen gegen den Klimawandel eingefordert wurden. In Österreich stimmte die Mehrheit der Abgeordneten zum Nationalrat im September 2019 für die Ausrufung des Klimanotstandes. Man einigte sich allerdings auf die Formulierung „Climate Emergency", da einigen Abgeordneten der Begriff „Notstand" zu drastisch erschienen war. Ausgangspunkt für die Entscheidung, den „Climate Emergency" zu erklären, waren die anhaltenden Fridays for Future-Demonstrationen im Land.

KlimaskeptikerInnen

KlimaskeptikerInnen negieren den Klimawandel entweder gänzlich („es gibt keine klimatischen Veränderungen") oder behaupten, der Klimawandel sei ein natürliches Phänomen und keineswegs vom Menschen beeinflusst (natürlicher Klimawandel vs. menschengemachter/anthropogener Klimawandel). Viele KlimaskeptikerInnen gehen davon aus, dass die Politik sich die Angst vor dem Klimawandel zunutze mache („Klimapanik", „Klimahysterie"), um die BürgerInnen oder auch die Wirtschaftstreibenden mit weiteren Gesetzen in ihrer Freiheit einzuschränken; dabei ignorieren sie die belegbaren Forschungsergebnisse zum Klimawandel oder interpretieren Daten auf unzulässige Art und Weise, um eine Veränderung des Klimas bestreiten zu können.

KOPIERFÄHIGE ARBEITSBLÄTTER

Arbeitsaufgabe
- In deiner Rolle als BewohnerIn Krisenkirchens sitzt du an einem von fünf Tischen. Ihr erhaltet eine Tischkarte (**Material 3**), auf der fünf verschiedene Urteile zum Klimanotstand in Krisenkirchen vermerkt sind.
- Verteilt die verschiedenen Rollen. Anschließend stellt jede/r TeilnehmerIn sein/ihr Urteil vor.
- Diskutiert die verschiedenen Urteile: Welche Haltungen sind begründet? Welche Interessen stehen hinter den Positionen? Welche Argumente sind wichtiger als andere?

MATERIAL 3

Soll in Krisenkirchen der Klimanotstand ausgerufen werden?

Tischkarte A – Tisch der Wirtschaftstreibenden

HOTELBETREIBERIN: Die Chefin des größten Hotels im Ort ist skeptisch. Sie ist zwar prinzipiell für Umweltschutz und achtet auch auf Mülltrennung und wenig Energieverbrauch in ihrem Hotel, aber der Klimanotstand bereitet ihr Angst. Sie weiß nicht, welche Konsequenzen der Klimaschutz in Krisenkirchen hervorrufen wird: Wenn ihre Hotelgäste plötzlich nicht mehr mit den hoteleigenen Mietautos fahren dürfen oder gar nicht mehr nach Österreich reisen, was dann? Ihre Sorgen gelten vor allem ihrer eigenen Existenz.

HOTELIERSGATTE: Der Chef des größten Hotels im Ort ist eigentlich gelernter Elektrotechniker und setzt sich sehr für den Klimaschutz ein. Er konnte aufgrund seiner Kenntnisse stark in erneuerbare Energien investieren und hat im Hotel eine klimaneutrale Grundwasserpumpe sowie eine Solaranlage installiert. Das senkt den Energieverbrauch des Hotels enorm, und zudem kann das Haus mit seiner Umweltfreundlichkeit Werbung machen – als erste Gemeinde Österreichs im Klimanotstand bekannt zu werden, kann da nur hilfreich sein.

CHRISTBAUMVERKÄUFER: Der Forstwirt kann das Wort „Klima" schon gar nicht mehr hören. Seiner Meinung nach dreht sich die ganze Diskussion im Kreis. Solange fossile Brennstoffe weiterhin verwendet werden, gibt es keinen „klimaneutralen" Christbaum! Er denkt, dass die mächtigen Leute, die viel Geld mit fossiler Energie verdienen, den Klimaschutz absichtlich verhindern. Krisenkirchen und seine EinwohnerInnen könnten aufgrund ihrer mangelnden Größe und ihres mangelnden Einflusses mit ihrer Aktion gar nichts erreichen.

AUTOHAUSBETREIBER: Der Besitzer des kleinen Autohauses in Krisenkirchen hat sich vom Mechanikerlehrling hochgearbeitet. Er hält sich in der Diskussion um den Klimaschutz normalerweise lieber zurück, weiß er doch, dass Autos mit ihren Abgasen ein wesentliches Problem für die Umwelt darstellen. Auf Elektroautos umzustellen kann er sich nicht leisten, also argumentiert er, dass auch diese nicht hundertprozentig umweltfreundlich sind. Und wenn in Krisenkirchen also der Klimanotstand ausgerufen werden soll, ist er klar dagegen: Wer weiß, vielleicht muss er am Ende sein Autohaus zusperren oder zumindest seine zwei Mitarbeiterinnen entlassen – das ist ganz schlecht für die Arbeitsplätze in der kleinen Gemeinde!

ZUHÖRER/IN: Am Tisch der Wirtschaftstreibenden sitzt auch ein/e ZuhörerIn, der/die sich vermittelnd in die Diskussion einbringt. Der/die ZuhörerIn sieht es als seine/ihre Aufgabe, die Diskutierenden daran zu erinnern, dass man zu einem gemeinsamen Urteil finden sollte. Er/sie hilft den anderen dabei, Kompromisse zu finden und notiert die einzelnen Teilurteile im Positionspapier.

MATERIAL 3

Soll in Krisenkirchen der Klimanotstand ausgerufen werden?

Tischkarte B – Tisch der VerantwortungsträgerInnen der Gemeinde

BÜRGERMEISTERIN: Die Bürgermeisterin ist noch unentschlossen. Sie selbst war in ihrer StudentinnenZeit ein Umweltaktivistin, hat aber mit ihrem Aufstieg in der Partei XYÖ gelernt, pragmatisch zu sein. Obwohl sie den Klimanotstand selbst für eine neue, wegweisende Idee hält, weiß sie, dass sie als Gemeindevorsteherin nicht nur ihre eigenen Interessen durchsetzen darf. Bei der Bürgermeisterwahl vor einem Jahr hat sie damit geworben, die Sorgen, Bedürfnisse und Ansichten der GemeindebewohnerInnen ernst zu nehmen, deshalb will sie erst alle Meinungen einholen, bevor sie sich für oder gegen den Klimanotstand entscheidet.

GEMEINDERATSMITGLIED: Herr L. ist von Beruf eigentlich Geografielehrer und sitzt schon seit einigen Jahren im Gemeinderat, weil er es für notwendig hält, sich in der Gemeinde zu engagieren und daran mitzuwirken, dass alle GemeindebewohnerInnen soziale Gerechtigkeit erfahren und für die Zukunft der Kinder vorgesorgt wird. Den Klimanotstand hält er für eine spannende und aufregende Idee. Er findet es gut, wenn Krisenkirchen als Vorbildgemeinde vorangeht – vor allem, weil man schleunigst damit anfangen muss, sich um die Zukunft der künftigen Generationen zu kümmern und ihnen einen bewohnbaren, sauberen Planeten zu hinterlassen.

GEMEINDEPFARRER: Der Pfarrer ist ganz selbstverständlich für den Schutz der Umwelt. Er sagt, dass die Menschen auf die Erde – Gottes Geschenk – gut achtgeben müssen. Außerdem sei jedes Lebewesen wertvoll und deshalb müssen auch die Tier- und Pflanzenwelt geschützt werden. Der Klimanotstand geht ihm allerdings fast einen Schritt zu weit. Wenn die Menschen in der Gemeinde zusammenstünden und zu den christlichen Werten zurückfänden, dann würde sich der Rest ganz von selbst erledigen. Und dass der Klimawandel tatsächlich vom Menschen verursacht wird, dessen ist er sich auch nicht ganz sicher.

GEMEINDEÄRZTIN: Die Hausärztin der Gemeinde ärgert sich über den Vorschlag, den Klimanotstand auszurufen. Sie schimpft, dass diese Aktion nur Symbolpolitik sei und genauso wenig Handlungen gegen den Klimawandel nach sich ziehen würde wie alles andere, was seit Jahren rund um das Thema diskutiert wird. Nur weil man dem Phänomen jetzt einen neuen, dramatischen Namen verpasst, heißt das noch lange nichts. Vielleicht wäre es besser, der Gemeinderat würde sich in den jeweiligen Parteien dafür einsetzen, dass strengere Gesetze gegen die Industrien, die das Klima verschmutzen, erlassen werden. Das würde wirklich etwas bringen.

ZUHÖRER/IN: Am Tisch der VerantwortungsträgerInnen der Gemeinde sitzt auch ein/e ZuhörerIn, der/die sich vermittelnd in die Diskussion einbringt. Der/die ZuhörerIn sieht es als seine/ihre Aufgabe, die Diskutierenden daran zu erinnern, dass man zu einem gemeinsamen Urteil finden sollte. Er/sie hilft den anderen dabei, Kompromisse zu finden und notiert die einzelnen Teilurteile im Positionspapier.

Elmar Mattle

Hinter uns die Sintflut! Klimaleugnung als Thema des Politikunterrichts

 ZIELGRUPPE/ALTER Sekundarstufe I, ab der 8. Schulstufe, 4. Klasse AHS/NMS

 LEHRPLANBEZUG Modul 9 (Politische Bildung): Medien und politische Kommunikation

 DAUER 2 Unterrichtseinheiten

 METHODISCH-DIDAKTISCHE EINFÜHRUNG

Kritikvermögen stärken

Ziel des Unterrichtsentwurfs ist es nicht, die SchülerInnen – im Sinne einer Indoktrinierung[1] – vom Einfluss der Menschen auf den Klimawandel zu überzeugen (sie also zu „überwältigen"), denn dieser ist von WissenschafterInnen hinlänglich bewiesen worden (und wird den SchülerInnen etwa im Geografie und Wirtschaftskunde- bzw. Biologie und Umweltkunde-Unterricht vermittelt[2]). Vielmehr geht es darum, SchülerInnen zu einem kritischen Umgang mit medial vermittelten politischen Informationen und Kommentaren zu befähigen und ihnen die entsprechenden Fertigkeiten im Umgang mit KlimaleugnerInnen und -skeptikerInnen zu vermitteln.

Ähnlich wie beim Thema Migration scheint auch beim Thema Klimawandel eine Minderheit im Internet – und ganz speziell auf Social Media-Plattformen wie Facebook, Twitter oder Youtube – den Ton anzugeben.[3] Man muss also davon ausgehen, dass SchülerInnen immer wieder auf politische Manifestationen von KlimaleugnerInnen und -skeptikerInnen stoßen. Es reicht in diesem Zusammenhang aber nicht, diese schlicht zu ignorieren oder gar achselzuckend zu akzeptieren. Es geht, nach dem Sachunterrichtsdidaktiker Joachim Kahlert, um eine „aufgeklärte Teilhabe an der ‚ökologischen Kommunikation'"[4] (Basiskonzepte „Kommunikation" und „Lebens- und Naturraum"), zu der eben auch das Entschlüsseln von politischen Manifestationen und der Diskurs mit Andersdenkenden (in der Öffentlichkeit) gehört.

Politische Methodenkompetenz

Baustein 1 beschäftigt sich mit der Entschlüsselung und dem Verstehen von sogenannten „Memes", also Bildern, die mit einem prägnanten Text versehen werden, um sie über soziale Netzwerke rasch zu verbreiten, und die sich oft auf aktuelle, insbesondere politische Ereignisse beziehen.[5] Im Fokus stehen dabei die Teilkompetenzen, den „Kommunikationsstrategien und -zielen der Urheberin/des Urhebers der politischen Manifestation nachzugehen" und die „Themenlenkung durch Politik und/oder

Medien (Agenda-Setting) zu erkennen und in Hinblick auf deren Absicht und Wirkung zu besprechen" (Politische Methodenkompetenz).

In Baustein 2 wird die Frage thematisiert, wie SchülerInnen im Internet mit KlimaleugnerInnen bzw. -skeptikerInnen diskutieren können/sollen. Es geht dabei nicht darum, professionelle KlimaleugnerInnen zu überzeugen, denn diese verbreiten ihre Unwahrheiten trotz besseren Wissens. Vielmehr sollen die SchülerInnen dazu befähigt werden, mit skeptischen oder gleichgültigen Menschen in einen Diskurs zu treten und diese im besten Fall zu überzeugen, zumindest aber „eigene Meinungen, Werturteile und Interessen zu artikulieren und (öffentlich) zu vertreten", „allein oder mit anderen für gemeinsame und/oder für die Interessen anderer einzutreten" und „Medien zu nutzen, um eigene politische Meinungen und Anliegen (oder die anderer) zu verbreiten" (Politische Handlungskompetenz).[6] Auch wenn die SchülerInnen in diesem Baustein (durch die vorgefertigten Antworten) mitunter nicht zwingend ihre eigene Meinung zum Thema Klimawandel vertreten, so trägt die Analyse von Kommunikations- und Argumentationsstrategien jedenfalls dazu bei, kommunikative (Reaktions)muster zu erkennen und somit die eigenen Interessen elaborierter artikulieren und vertreten zu können.

Handlungskompetenz: Eigene Meinungen und Interessen vertreten lernen

ZENTRALE FRAGESTELLUNGEN

→ Wie kann ich Memes von KlimaleugnerInnen entschlüsseln und welche Absichten verfolgen diese damit?
→ Wie kann ich auf Aussagen von Menschen, die dem Thema Klimawandel skeptisch gegenüberstehen, entsprechend reagieren?

INHALTLICHE HINFÜHRUNG ZUM THEMA

Das Thema Klimawandel ist aktuell omnipräsent. Auf der globalen (z.B. Vereinte Nationen), europäischen (z.B. EU) und nationalen Ebene (z.B. Nationalratswahlkampf) wird darüber diskutiert, wie mit der durch den Menschen verursachten Erderwärmung und den daraus resultierenden Folgen umgegangen werden soll. Wissenschaftlich ist es inzwischen unbestritten, dass die Menschheit durch die Emission von Kohlendioxid und anderen klimawirksamen Gasen den Klimawandel maßgeblich antreibt.[7]

„Trotzdem [...] gibt es eine öffentliche Debatte, in der die Existenz des anthropogenen Klimawandels heftig bestritten wird. Wer sich über den Klimawandel statt in wissenschaftlichen Zeitschriften auf diversen Blogs, auf YouTube, auf Facebook oder auf Twitter informiert, kann den Eindruck bekommen: Es ist alles höchst umstritten, und der Klimawandel ist vielleicht doch nur ein großer Schwindel."[8]

Leugnung des Klimawandels in der Politik

In Europa lässt sich eine ähnliche Entwicklung wie in den USA unter Trump feststellen: Vor allem rechtspopulistische Parteien wie die französische Rassemblement National, die italienische Lega oder die deutsche AfD kooperieren in diesem Bereich immer stärker und stimmen etwa im EU-Parlament konzertiert gegen Gesetze zum Klimaschutz.[9] Auch der ehemalige FPÖ-Bundesparteiobmann Heinz-Christian Strache bezeichnete den Einfluss des Menschen auf das Klima als „offene Frage"[10], genauso wie der ehemalige BZÖ-Obmann Gerald Grosz, der behauptete, dass verglichen mit der Sorge um den Klimawandel „selbst die Prophezeiungen von Nostradamus mehr wissenschaftlichen Bezug haben".[11]

Aber nicht nur unter österreichischen PolitikerInnen finden sich SkeptikerInnen und LeugnerInnen des Klimawandels: Das groß angelegte Forschungsprojekt European Social Survey (ESS) hat gezeigt, dass ÖsterreicherInnen dem Klimawandel skeptischer oder gleichgültiger gegenüberstehen als andere westeuropäische Gesellschaften. „Auch was die Ursachen des gegenwärtigen Klimawandels angeht, sind die Zweifel am wissenschaftlichen Erkenntnisstand in Österreich relativ hoch."[12] Die Politikwissenschafterin Eva Zeglovits sieht einen Zusammenhang zwischen den Aussagen Straches und den oben genannten Ergebnissen: „Es ist typisch für Populisten, dass sie wissenschaftliche Ergebnisse infrage stellen. Dass sie behaupten, die Eliten würden den einfachen Bürgern vorschreiben, was sie zu denken und wie sie sich zu verhalten haben."[13]

UNTERRICHTSABLAUF

Baustein 1

Memes entschlüsseln

Beschreibung
Analyse
Interpretation

Die Arbeitsaufträge des ersten Bausteins folgen im Wesentlichen dem gängigen Dreischritt: Beschreibung – Analyse – Interpretation. Nach einer genauen Betrachtung beschreiben die SchülerInnen zunächst die Memes und benennen zentrale Bildelemente. Dabei gilt es darauf zu achten, dass einerseits die SchülerInnen die Bilder/Memes möglichst detailliert beschreiben und andererseits noch nicht in die Analyse übergehen. Erst im zweiten Schritt geht es darum, die Bedeutung von einzelnen Bildelementen zu erklären (u.a. mithilfe der Erklärungen in der rechten Spalte von **Material 1**). Die zentrale Rolle, die dem Text auf jedem Meme zukommt, soll in diesem Zusammenhang auch herausgearbeitet werden. Im letzten Schritt beschäftigen sich die SchülerInnen dann mit der Intention und der Aussage der Memes. Dabei stehen die Kommunikationsstrategien und Argumentationsmuster von KlimaleugnerInnen im Fokus.

Hilfestellung zu Bildelementen

Auch wenn das Erstellen, Teilen und Liken von Memes für viele SchülerInnen inzwischen alltäglich ist, stellt sich der kritische Umgang damit als durchaus komplexer Prozess dar. Um eine Überforderung (für einzelne SchülerInnen) zu vermeiden bzw. eine Differenzierung zu ermöglichen, könnte zunächst auch nur ein Meme vorgelegt werden. Außerdem empfiehlt es sich möglicherweise, den Blick der SchülerInnen mithilfe von Tipps auf zentrale Bildelemente zu lenken (z.B. Bild 1: Greta Thunbergs Streik-Tafel, die eingekreisten Plastikverpackungen; Bild 2: Heiligenschein, gefaltete Hände, Fotomontage; Bild 3: Sekt- bzw. Champagnergläser, Anzug tragende, lachende Männer).

Erstellung eigener Memes

Leistungsstarke SchülerInnen könnten die Memes nicht nur isoliert betrachten, sondern auch die Personen (Gerald Grosz), Parteien (AfD) bzw. Internet-Seiten (www.qpress.de), von denen sie geteilt wurden, näher beleuchten und so die einzelnen Bilder in einen größeren Zusammenhang einordnen (Agenda-Setting durch Politik bzw. Medien). Darüber hinaus können als Follow-Up-Aktivität auch (auf dem Handy oder z.B. auf der Seite https://imgflip.com/memegenerator) eigene Memes erstellt werden, die sich beispielsweise klar für den Klimaschutz aussprechen.

Insgesamt handelt es sich bei den ausgewählten Memes um typische Beispiele dafür, wie KlimaleugnerInnen im Internet für ihre Anliegen bzw. gegen bestimmte Personen(gruppen) und Ideen Stimmung machen.[14] Besonders häufig wird dabei Greta Thunberg angegriffen (Bild 1 und 2). Ihr wird nicht nur das Schulschwänzen vorgeworfen, sondern ihre Person und ihr Leben werden diskreditiert, um so ihre Forderungen und Kritikpunkte zu unterminieren („Tu-quoque-Argument"[15]).

Argumentationsmuster der KlimawandelleugnerInnen

Menschen, die ihre Anliegen teilen oder unterstützen, werden als fanatische „Sektierer" bezeichnet, die sich fernab der Wissenschaftlichkeit bewegen, stattdessen einer fragwürden „Klima-Religion" anhängen und andere Meinungen (nämlich die der KlimaleugnerInnen) unterdrücken (Bild 2). Neben Greta Thunberg werden häufig auch PolitikerInnen zum Feindbild von KlimaleugnerInnen auserkoren. Wie auch in anderen Zusammenhängen (z.B. Migration) wird ihnen pauschal unterstellt, sie würden die Menschen belügen, ausnutzen und ausbeuten (Bild 3).

Einige Elemente tauchen auch in anderen verschwörungstheoretischen Zusammenhängen immer wieder auf, etwa die „böse Elite der PolitikerInnen" (auf Bild 3 sind unter anderem die ehemaligen US-Präsidenten Ronald Reagan und Georg Bush sen. zu sehen), die sich champagnertrinkend über die vermeintlich dummen SteuerzahlerInnen lustig macht und im Hinterzimmer neue Pläne ausheckt, um den Menschen zu schaden.

Baustein 2 Mit anderen über den Klimawandel diskutieren

Ziel von Baustein 2 ist es, SchülerInnen dazu zu befähigen, mit anderen über den Klimawandel zu diskutieren. Es wird – als Grundlage für die Arbeitsaufträge – davon ausgegangen, dass sie bereits über ein basales Wissen über den vom Menschen verursachten Klimawandel und dessen Ursachen bzw. Folgen verfügen. Sollte das nicht der Fall sein, so muss ein diesbezügliches Arbeitswissen bereitgestellt werden.[16]

Aussagen sammeln

In einem ersten Schritt sammeln die SchülerInnen Aussagen von Menschen, die dem Klimawandel skeptisch oder ablehnend gegenüberstehen. Es ist davon auszugehen, dass sie in ihrem Umfeld schon mehrfach damit konfrontiert waren und möglicherweise nicht recht wussten, wie und ob sie darauf reagieren sollen.

Im nächsten Schritt werden ihnen weitere Aussagenbeispiele (Kärtchen, **Material 3**) vorgelegt, denen dann die eigenen zugeordnet werden sollen. Der Arbeitsauftrag zielt nun auf eine Systematisierung bzw. Strukturierung – also eine Analyse – ab, indem die Aussagen einem Überbegriff („Reaktionsmuster") und der entsprechenden Ursache bzw. Beschreibung zugeordnet werden müssen.

Diskussion und Reflexion

Die zentralen Arbeitsaufträge folgen am Schluss: Die SchülerInnen sollen im besten Fall mithilfe der Tipps für eine zielführende Diskussion **(Material 4)** eigene Antworten formulieren, um so in eine gewinnbringende Diskussion über den Klimawandel einsteigen zu können. In der abschließenden Reflexionsrunde sollen dann zumindest einzelne Antworten vorgestellt und diskutiert werden. Auch für das Besprechen von Schwierigkeiten bzw. Herausforderungen sollte ausreichend Zeit zur Verfügung stehen. Im Rahmen dieser Diskussion sollte auch die Frage thematisiert werden, welche Verantwortung dem/der Einzelnen, der gesamten Gesellschaft, dem Staat oder anderen politischen Organisationen wie der EU oder der UNO im Bereich des Klima- bzw. Umweltschutzes zukommt.

Zweifelsohne gibt es viele Probleme und Fragen, die nicht auf individueller Ebene, sondern zum Beispiel vom Staat gelöst werden müssen. Nichtsdestotrotz kann jede/r

BürgerIn mittels Konsumverhalten (etwa regionale Produkte zu kaufen) oder individuellem wie kollektivem politischen Handel einen Beitrag leisten – so kann man beispielsweise von seinem Demonstrationsrecht im Rahmen der Fridays for Future-Kundgebungen Gebrauch machen. Ein weiterer Diskussionspunkt könnten die vorgefertigten Lösungsansätze und möglichen Antworten sein. Auch wenn es in dieser Übung nicht darum geht, sich detailliert inhaltlich damit auseinanderzusetzen, so kann man zumindest die Frage stellen, was man denn wissen bzw. klären müsste, um die entsprechende Aussage beurteilen zu können. Beispielsweise könnte die Frage gestellt werden, ob tatsächlich die ganze Menschheit durch ausschließlich biologische Landwirtschaft ernährt werden kann.

Differenzierungsangebot

Um ein entsprechendes Differenzierungsangebot bereitzustellen, kann die Aufgabe um zwei Stufen erleichtert werden. Einerseits ist es möglich, den SchülerInnen nur die Kärtchen mit Lösungsansätzen aus **Material 3** zur Verfügung zu stellen. Die eigentliche Ausformulierung der Antwort liegt dann nach wie vor bei ihnen selbst. Andererseits können aber auch die vorgefertigten Antworten ausgeteilt werden, die SchülerInnen müssen sie nur mehr entsprechend zuordnen. Um den gesamten Baustein abzukürzen, können auch ganze Reaktionsmuster inkl. der Aussagenbeispiele und Ursache/Beschreibung gestrichen werden.

ZUSÄTZLICHE MATERIALIEN AUF www.politischebildung.com

→ ein weiteres Meme zu **Material 1**
→ zusätzliche Kärtchen zu den „Problematischen Aussagen zum Klimawandel und Lösungsansätzen" **(Material 3)**

---

1 Vgl. dazu das Überwältigungsverbot des Beutelsbacher Konsenses. Online unter www.demokratiezentrum.org/fileadmin/media/data/beutelsbacher_konsens.pdf.
2 Im Sinne des Unterrichtsprinzips „Umweltbildung für nachhaltige Entwicklung" kann bzw. soll dieses Thema auch in allen anderen Unterrichtsgegenständen behandelt werden. Siehe dazu Bundesministerium für Bildung und Frauen: Grundsatzerlass Umweltbildung für nachhaltige Entwicklung. Wien 2014. Online unter https://bildung.bmbwf.gv.at/ministerium/rs/2014_20_ge_umwelt_de.pdf?74wbqo, 10.10.2019.
3 Rennert, David: Klimawandelleugner geben auf Youtube den Ton an. Online unter www.derstandard.at/story/2000106682861/klima-wandelleugner-geben-auf-youtube-den-ton-an, 09.09.2019.
4 Kahlert, Joachim: Umweltbildung, in: Sander, Wolfgang (Hrsg.): Handbuch politische Bildung. Schwalbach/Ts. ³2005, S. 434.
5 https://de.wikipedia.org/wiki/Internetph%C3%A4nomen#Memes, 09.09.2019.
6 Krammer, Reinhard et al.: Die durch politische Bildung zu erwerbenden Kompetenzen. Ein Kompetenz-Strukturmodell. Online unter https://bildung.bmbwf.gv.at/schulen/unterricht/ba/glv_kompetenzmodell_23415.pdf, 25.10.2019.
7 Stellvertretend seien hier die beiden aktuellen Sonderberichte des Weltklimarates (IPCC) genannt: www.de-ipcc.de/media/content/Hauptaussagen_IPCC_SR15.pdf und www.de-ipcc.de/media/content/Hauptaussagen_SRCCL.pdf, 09.09.2019.
8 Brüggemann, Michael: Die Medien und die Klimalüge. Falsche Skepsis und echte Leugnung, in: Lilienthal, Volker/Neverla, Irene (Hrsg.): „Lügenpresse". Anatomie eines politischen Kampfbegriffs. Köln 2017, S. 137.
9 Joeres, Annika/Götze, Susanne: Europas Netzwerk der Klimawandelleugner. Online unter www.derstandard.at/story/2000093526199/das-europaweite-netzwerk-der-klimaleugner, 09.09.2019.
10 Mittelstaedt, Katharina: Strache: „Wir Österreicher sprechen ja nicht zufällig Deutsch". Online unter www.derstandard.at/story/2000093340857/strache-ich-lebe-mit-diesen-vorwuerfen-sehr-gut, 09.09.2019.
11 Grosz, Gerald: Politisch motivierter Alarmismus des Orakels von Schweden. Online unter www.facebook.com/GeraldGroszOfficial/photos/a.696626623742898/2876659902406215/, 09.09.2019.
12 Staud, Toralf: Klimawandel: In Österreich mehr Skeptiker und Desinteressierte als in Deutschland oder der Schweiz, 15.03.2018. Online unter https://www.klimafakten.de/meldung/klimawandel-oesterreich-mehr-skeptiker-und-desinteressierte-als-deutschland-oder-der-schweiz, 09.09.2019.
13 Ebd.
14 Vgl. dazu auch https://de.wikipedia.org/wiki/Leugnung_der_menschengemachten_globalen_Erw%C3%A4rmung#Argumentationsmuster_von_Klimaleugnern, 09.09.2019.
15 Vgl. Schleichert, Hubert: Wie man mit Fundamentalisten diskutiert, ohne den Verstand zu verlieren. Anleitung zum subversiven Denken. München 2019, S. 47f.
16 Z.B.: www.klimafakten.de/fakten-statt-behauptungen/basiswissen oder www.oesterreich.gv.at/themen/bauen_wohnen_und_umwelt/klimaschutz/Seite.1000200.html, 09.09.2019.

KOPIERFÄHIGE ARBEITSBLÄTTER

MATERIAL 1

Memes von KlimawandelleugnerInnen

Memes	Erklärungen / Hilfestellungen
	Skolstrejk för klimatet (schwed. „Schulstreik für das Klima") Erklärung zu den eingekreisten Lebensmitteln: Es geht hier wohl weniger um die Marke, sondern vielmehr um die Tatsache, dass die Produkte in Plastik verpackt sind und es sich um „Convenience Food" (Fertiggerichte) handelt. https://qpress.de/wp-content/uploads/2019/01/die-wahre-greta-thunberg-und-der-plastikkonsum.jpg
	Sektierer = AnhängerIn einer Sekte Sekte = (religiöse) Gemeinschaft, deren Lehre und Praxis als problematisch empfunden wird https://twitter.com/geraldgrosz/status/1144892116692287488

Arbeitwissen: Memes

Memes bestehen aus Bildern, Videos, Blogs, Texten oder ganzen Webseiten, die sich wie Lauffeuer über das Internet verbreiten. Dabei handelt es sich in der Regel um aussagekräftige Motive, die mit einem Text kombiniert werden – und so neue Bedeutungen erhalten.

Quelle: http://www.digitalwiki.de/memes/

MATERIAL 2

Infobox: Kommunikationsstrategien der KlimaleugnerInnen

Metaphern (= sprachliche Bilder) aus dem Bereich der Religion

Religionsmetaphern dienen dazu, die wissenschaftlichen Forschungsergebnisse über den Klimawandel zur Religion oder zu einer Sache des Glaubens umzudeuten. Auch werden Personen, die den menschlichen Hauptanteil am Klimawandel als Tatsache akzeptieren, als religiöse Extremisten dargestellt, die intolerant und kritikunfähig seien.

Verbreiten von Verschwörungstheorien

KlimaforscherInnen und PolitikerInnen wird unterstellt, sie hätten den Klimawandel quasi erfunden, um so an Forschungsgelder zu kommen oder damit ihre eigenen (verwerflichen) politischen Ziele zu verfolgen, etwa bestimmten Wirtschaftszweigen (z.B. der Ölindustrie) zu schaden oder neue Steuern einzuführen.

Tu-quoque-Argument (lat. „auch du")

Es geht dabei nicht darum, das Argument des Gegenübers zu entkräften, sondern die inhaltliche Auseinandersetzung zu umgehen, indem man die Person attackiert. Dieses Argument dient der Abwehr moralischer Angriffe. Man wirft dem Gegner, der einem wegen der Tat X Vorwürfe macht, vor, dass er genau dasselbe getan habe: „Du bist doch selbst nicht besser! Wie kannst du dann mir vorwerfen, dass … ?"

Arbeitsaufgabe

→ Beschreibe die Memes **(Material 1)** möglichst genau und benenne zentrale Bildelemente.

→ Analysiere die zentralen Bildelemente und erkläre ihre Bedeutung bzw. Funktion für die Aussage(-absicht) des Memes.

→ Erkläre, welche Bedeutung dem Text auf dem jeweiligen Bild zukommt, und weise mithilfe der Definition (Arbeitswissen **Material 1**) nach, dass es sich bei diesen Bildern um sogenannte „Memes" handelt.

→ Diskutiere die Frage, was jemand, der eines dieser Memes im Internet postet, damit aussagen möchte bzw. welche Absicht(en) er/sie damit verfolgt.

→ Hinter den Bildern/Memes stecken ganz gezielte Kommunikationsstrategien von LeugnerInnen des Klimawandels. Lies dir nun die Infobox **(Material 2)** durch. Überprüfe, welches Argumentationsmuster du im jeweiligen Meme finden kannst, und begründe deine Zuordnung in eigenen Worten.

KOPIERFÄHIGE ARBEITSBLÄTTER

MATERIAL 3

Problematische Aussagen zum Klimawandel und Lösungsansätze

Reaktionsmuster	Aussagenbeispiel	Ursache/Beschreibung	Lösungsansätze/mögliche Antworten
Ohnmacht	„Ich alleine kann daran nichts ändern." „Auf mich kommt es dabei nicht an!" „Ist doch eh zu spät!"	Das Problem scheint durch eine/n Einzelne/n nicht lösbar – es überwältigt, man kann es nicht durchschauen und nicht direkt beeinflussen.	Ermutige dein Gegenüber! Manchmal hilft es auch, den/die anderen in seinen/ihren Werten zu bestärken und an ihn/sie zu appellieren, für diese einzustehen. So bestärkst du ihn/sie in seinem/ihrem Engagement. „Ich kenne das Gefühl auch. Bei mir ist es so, dass ich dann in kleinen Schritten vorgehe. Ich fange erstmal an, die Dinge direkt vor meiner Nase zu verändern. Oder ich suche mir Gleichgesinnte, denn gemeinsam haben wir mehr Kraft und Ausdauer."
Gleichgültigkeit	„Das Thema ist mir egal. Ist nicht mein Problem." „Das ist es mir nicht wert."	Die Bedrohung ist noch nicht groß genug; man glaubt, das Problem noch aus der Ferne betrachten zu können. Es wird einen schon nicht betreffen.	Hole das Problem näher heran, erkläre, warum es dein Gegenüber auch betrifft, warum es bedeutsam ist und welche Schritte jetzt gemacht werden können, um etwas zu ändern. Übrigens helfen hier auch positive Argumente, die den gemeinsamen Nenner betonen. „Du willst doch auch nicht, dass Skifahren in Österreich bald nur mehr – wenn überhaupt – auf Gletschern möglich ist." „Dir ist doch auch wichtig, dass deine Kinder/Enkel in einer sauberen und lebenswerten Umwelt aufwachsen können."
Zu aufwendig	„Das ist mir zu umständlich." „Das macht mir nur Stress in meinem Umfeld." „Das ist mir zu teuer."	Man hat das Gefühl, dass Veränderung immer mit einem zeitlichen und/ oder finanziellen Aufwand verbunden ist. Und einen Nutzen, der diesen Aufwand rechtfertigt, sieht man nicht.	Zeige einfache Handlungsmöglichkeiten auf. Schaffe einen gemeinsamen Nenner und betone die große Bedeutung eures gemeinsamen Tuns. Verdeutliche gegebenenfalls auch die Vorteile und Gewinne. „Wenn du beim Bio-Bauern um's Eck einkaufst, bekommst du mehr Qualität für dein Geld, du tust etwas für die Umwelt, wenn du statt mit dem Auto mit dem Rad fährst, und förderst damit die Nachhaltigkeit."
Verantwortung verschieben	„Da muss die Politik etwas tun. Nicht ich als Einzelner." „Um das zu regeln, sind Gesetze da." „Andere sind viel größere Sünder als ich."	Es ist sehr einfach, die Verantwortung auf die Industrie, die Politik oder das System abzuwälzen – schließlich kann man ja gegen „die da oben" nichts ausrichten. Eigene Einflussmöglichkeiten werden ignoriert. Auch Schuld wird auf diese Weise manchmal bequem weitergereicht.	Bestätige, dass tatsächlich auch andere aktiv werden müssen. Und führe dein Gegenüber dann auf den eigenen Verantwortungsbereich zurück. Jede/r Einzelne muss schauen, wo sie/er selbst etwas beitragen kann. Jede/r hat ihre/seine eigenen Hebel und ist für ihr/sein Tun verantwortlich. „Natürlich müssen PolitikerInnen Lösungen suchen. Gleichzeitig kann jede/r Einzelne etwas beitragen, auch wenn es nur als Tropfen auf dem heißen Stein erscheint. Wenn viele Menschen in ihrem kleinen Wirkungsbereich etwas ändern, kann viel erreicht werden. Außerdem sieht man am Beispiel von Greta Thunberg, dass auch eine einzelne Person mit dem entsprechenden Engagement unglaublich viel bewegen kann."

KOPIERFÄHIGE ARBEITSBLÄTTER

MATERIAL 3

Problematische Aussagen zum Klimawandel und Lösungsansätze

Reaktionsmuster	Aussagenbeispiel	Ursache/Beschreibung	Lösungsansätze/mögliche Antworten
Erst ist anderes dran	„Kümmert euch erst um die Schifffahrt, die sorgt für viel mehr Abgase als PKWs in den Städten." „Fliegen ist viel klimaschädlicher als Fleisch essen, also lass mich in Ruhe."	Es gibt viele Felder, in denen gehandelt werden muss, und manche erzeugen mehr Wirkung als andere. Häufig wird jedoch ein anderes Thema als Ausrede genutzt, um ein Thema, das einen selber betrifft, nicht anzugehen. Dass man sowohl das eine als auch das andere Thema angehen sollte, anstatt die Themen gegeneinander auszuspielen, wird einfach ausgeblendet.	Ja, es gibt viele Bereiche, in denen etwas passieren muss. Allerdings geht es nicht um ein Entweder-oder. Gerade beim Thema Klimaschutz müssen wir aufgrund der Dringlichkeit jede Chance nutzen. „Ich versuche gerade nachzuvollziehen, wieso du meinst, man solle das eine lassen, um das andere zu machen. Geht nicht beides zugleich?"
Widerstand	„Niemand macht mir mein Fleisch schlecht!" „Das ist ein Eingriff in meine Grundrechte!" „Ich lass mir doch nichts wegnehmen!"	Man hat den Eindruck, als würden immer mehr Freiheiten beschränkt werden. Mittlerweile sogar bei so persönlichen Dingen wie Essen oder Urlaub. Deshalb stellen sich einige aus Prinzip quer.	Pass auf, dass du nicht reflexhaft emotional reagierst! Versuche zu erkennen, welchen Wert dein Gegenüber gerade so bedroht sieht, dass sie/er sich wehrt oder gar angreift. Sorge als Erstes für Entspannung und gehe einen Schritt auf dein Gegenüber zu. Sorge für eine gemeinsame Basis. Anstatt das Trennende hervorzuheben, betone das Gemeinsame. „Kein Problem, an Fleisch ist erstmal nichts Schlechtes. Gesund aufgezogene Tiere auf der Weide beim Bio-Bauern nebenan sind überhaupt kein Problem. Doch industrielle Formen der Tierhaltung mit Folgen wie Überdüngung, Nitratbelastung im Grundwasser, … – das willst du doch auch nicht. Wir sind auf der Suche nach einem besseren Weg."
Beleidigung	„Ihr seid einfach zu blöd!" „Habt ihr euren Verstand verloren?!"	Hier wird nach dem Motto „Angriff ist die beste Verteidigung" vorgegangen.	Benenne zuerst den Stil als nicht hilfreich; weise auf die Erwartung hin, dass erwachsene Menschen in der Lage sind, höflich und respektvoll miteinander umzugehen. Den Kommentar dann ignorieren oder mit Hinweis auf die Regeln des Anstands löschen. „Es wäre schön, wenn wir eine Diskussion ohne Beleidigungen führen und respektvoll miteinander umgehen könnten."

KOPIERFÄHIGE ARBEITSBLÄTTER

MATERIAL 3

Problematische Aussagen zum Klimawandel und Lösungsansätze

Reaktionsmuster	Aussagenbeispiel	Ursache/Beschreibung	Lösungsansätze/mögliche Antworten
Scheinargumente/ falsche Fakten	„Das Erdklima hat sich immer schon gewandelt."	Es wird unzuverlässigen Quellen geglaubt, vor allem, wenn sie eine schon vorher gefasste Meinung bestätigen. Und je weniger man von einer Sache weiß, umso überzeugter ist man oft von der Richtigkeit seiner Meinung.	Ohne rechthaberisch zu sein: Falsche Aussagen sollte man korrigieren und richtig in den Kontext einordnen. Schließlich kann die Ursache Unwissenheit sein. Höre gut zu, sei wertschätzend und höflich, wenn du antwortest.
	„Mehr CO_2 ist gut für das Pflanzenwachstum und die Welternährung." „Mit Biolandbau kann die Menschheit nicht ernährt werden, dafür fehlen die Flächen." „Vegetarier essen Soja und dafür wird dann noch mehr Regenwald abgeholzt."		Du kannst auch einen anderen Weg gehen. Anstatt fachlich zu antworten, stellst du Fragen nach der Quelle der Informationen. Du hinterfragst, wie seriös diese Quelle ist, und gibst deinem Gegenüber so eine Anregung, seine/ihre Quellenwahl und Meinung zu überdenken.
			„Bist du dir sicher, dass die Seite … eine seriöse Quelle ist? Ein Blick ins Impressum zeigt, dass es sich hier um eine Fake-/Satire-/Propaganda-Seite handelt. Möglicherweise wäre es besser, Seiten anzuklicken, die mit Objektivität, Wissenschaftlichkeit und Seriosität überzeugen, z.B. www.klimafakten.de."
Falsche Fährte/ Ablenkung	„Auch bei Bio gibt es immer wieder Skandale. Da kann man sich auch nicht drauf verlassen." „Bio aus Übersee ist auch nicht besser." „Pflanzen haben auch Gefühle und spüren Schmerz."	Anstatt aktiv zu werden, lenkt man auf ein anderes Problem ab, schickt den Diskussionspartner also einfach auf eine andere Fährte. Die ursprünglichen Argumente kann man so ignorieren, da sie aus dem Fokus der Diskussion rutschen.	Zeige auf, warum der Vergleich hinkt und die Argumente nicht entkräftet. Am besten mit einem Schmunzeln, denn dein Gegenüber weiß ganz genau, dass sie/er nicht sauber gearbeitet hat. Nimm es ihr/ihm nicht übel und lasse sie/ihn das Gesicht wahren. Wenn dein Gegenüber es nicht lassen kann, dich immer wieder mit falschen Fährten ablenken zu wollen, weise darauf hin und beende die Diskussion. Denn dann ist anscheinend kein ehrlicher Austausch gewünscht.
			„Auch wenn es unter den ProduzentInnen von Bio-Lebensmitteln schwarze Schafe geben mag, heißt das nicht, dass Bio-Produkte an sich schlecht sind. Du würdest ja auch nicht auf dein Handy verzichten und stattdessen in eine Telefonzelle gehen, nur weil es am Handy-Markt ein paar BetrügerInnen gibt, oder?"

Quelle: Hesebeck, Birthe: Auf Social-Media-Kommentare gekonnt reagieren. Reaktionsmuster im Themenfeld Klimawandel und Nachhaltigkeit. Online unter www.regenwald-schuetzen.org/unsere-projekte/bildungs-projekte/systeme-verstehen/auf-social-media-kommentare-gekonnt-reagieren/, 17.09.2019 (leicht modifiziert und ergänzt)

KOPIERFÄHIGE ARBEITSBLÄTTER

MATERIAL 4

Tipps für eine zielführende Diskussion

→ ermutigen
→ Lösungsansätze und erste Schritte anbieten
→ fachlich richtig einordnen, gegebenenfalls Zusammenhänge und Bedeutung aufzeigen
→ Commitment (Bindung, Verpflichtung) erzeugen, gemeinsamen Nenner finden
→ positive Unterstellungen oder Vorannahmen nutzen
→ bei Widerstand deeskalieren (stufenweise verringern, abschwächen) und auf den anderen zugehen
→ mit Fragen mehr über die Sichtweise des anderen erfahren
→ gegebenenfalls Situation verlassen und auf allgemeine Benimmregeln hinweisen

Quelle: Hesebeck, Birthe: Auf Social-Media-Kommentare gekonnt reagieren. Reaktionsmuster im Themenfeld Klimawandel und Nachhaltigkeit. Online unter www.regenwald-schuetzen.org/unsere-projekte/bildungs-projekte/systeme-verstehen/auf-social-media-kommentare-gekonnt-reagieren/, 17.09.2019 (leicht modifiziert und ergänzt)

Arbeitsaufgabe

→ Im Internet hast du sicher schon einige Aussagen zum Thema Klimawandel gelesen. Oftmals sind es kritische oder ablehnende Kommentare, die mitunter auch beleidigend sein können. Sammle nun mit deinem/deiner Sitznachbarn/Sitznachbarin solche typischen Aussagen und schreib sie auf.
→ Lest euch nun die Aussagenbeispiele (**Material 3** – blau) durch und ordnet diesen wenn möglich eure eigenen Beispiele zu.
→ Ordnet anschließend alle Beispiele und die „Ursache/Beschreibung"-Kärtchen (grün) den Reaktionsmustern (grau) zu.
→ Wie ihr sehen könnt, wiederholen sich gewisse Reaktionen/Aussagen regelmäßig. Um im Internet auch entsprechend darauf reagieren zu können, empfiehlt es sich, Lösungen bzw. Antworten parat zu haben, um so den/die SchreiberIn von eurer Sicht überzeugen zu können. Formuliert zu mindestens einem Aussagenbeispiel pro Reaktionsmuster eine Antwort, die ihr zum Beispiel auf Facebook als Kommentar posten könntet. Beachtet dabei die Tipps für eine zielführende Diskussion **(Material 4)**.
→ Tauscht abschließend eure Antworten im Plenum / in der Gruppe aus und diskutiert sie: Welche Schwierigkeiten traten auf? Welche Antworten fielen euch besonders schwer und warum? Wo konntet ihr vielleicht gar keine passende Antwort finden und warum?

AutorInnenverzeichnis

Ulrich Brand, Dr.
Seit 2007 Professor für Internationale Politik an der Universität Wien. Anfang 2020 erscheint im VSA-Verlag Hamburg sein Buch „Post-Wachstum und Gegen-Hegemonie. Klimastreiks, Krise der imperialen Lebensweise und Alternativen zur autoritären Globalisierung".

Judith Breitfuß, Mag.[a]
Wissenschaftliche Mitarbeiterin an der Universität Wien (Didaktik der Geschichte) und Redakteurin des internationalen Blog-Journals Public History Weekly. Forschungsschwerpunkte u.a.: Umweltgeschichte im Geschichtsunterricht, Schulbuchforschung, Digitale Medien in Geschichte und Politischer Bildung.

Robert Hummer, MMag.
Politik- und Geschichtsdidaktiker am Institut für Gesellschaftliches Lernen und Politische Bildung an der Pädagogischen Hochschule Salzburg Stefan Zweig sowie am Bundeszentrum für Gesellschaftliches Lernen. Zuvor langjährig als Museumspädagoge im Museum Arbeitswelt Steyr tätig.

Mathias Krams, BA MA
Seit 2018 wissenschaftlicher Mitarbeiter und Promovend am Institut für Politikwissenschaft der Universität Wien. Er arbeitet zu gesellschaftlichen und internationalen Konflikten, kritischer Staatstheorie und der sozial-ökologischen Transformation des Mobilitätssektors.

Elmar Mattle, Mag.
Unterrichtet gegenwärtig Deutsch und Geschichte und Sozialkunde/Politische Bildung am Kollegium Aloisianum (Linz). Seit 2009 Mitverwendung an der Pädagogischen Hochschule der Diözese Linz im Bereich der LehrerInnen-Ausbildung (GSPB). Seit 2015 ist er Mitarbeiter am Bundeszentrum für Gesellschaftliches Lernen an der Pädagogischen Hochschule Salzburg Stefan Zweig.

Lara Möller, BA MA
Universitätsassistentin in der Didaktik der Politischen Bildung an der Universität Wien und wissenschaftliche Mitarbeiterin am Demokratiezentrum Wien. Sie beschäftigt sich insbesondere mit den Bereichen Alltags- und Subjektorientierung in der Politischen Bildung sowie mit Inklusions- und Exklusionsprozessen mit Fokus auf politische Partizipation und gruppenbezogene Ausgrenzungspraktiken.

Simon Mörwald, Mag.
Unterrichtet Deutsch, Geschichte und Sozialkunde/Politische Bildung an der BHAK Perg. Seit 2012 ist er als Referent in der Lehrerinnen- und Lehrerbildung an der PH Oberösterreich tätig, seit 2015 Mitarbeiter am Bundeszentrum für Gesellschaftliches Lernen der Pädagogischen Hochschule Salzburg Stefan Zweig.

Beatrix Oberndorfer, Mag.[a]
Unterrichtet gegenwärtig Deutsch sowie Geschichte und Sozialkunde/Politische Bildung am Musischen Gymnasium Salzburg. Seit 2017 Mitarbeiterin am Bundeszentrum für Gesellschaftliches Lernen an der Pädagogischen Hochschule Salzburg Stefan Zweig.

Alexander Wohnig, Dr.
Seit 2019 Juniorprofessor für Didaktik der Sozialwissenschaften am Seminar für Sozialwissenschaften der Philosophischen Fakultät der Universität Siegen. Er beschäftigt sich mit der Entwicklung einer didaktischen Konzeption zur Anleitung, Begleitung und Reflexion von politischer Partizipation junger Menschen und mit dem Verhältnis von Politischer Bildung und Demokratiebildung.